Veröffentlichungen der Schmalenbach-Gesellschaft, Band 35

DIE INFORMATION IN DER INDUSTRIELLEN UNTERNEHMUNG

Grundzüge einer Organisationstheorie für elektronische Datenverarbeitung

Von

Dr. Jürgen Pietzsch

SPRINGER FACHMEDIEN WIESBADEN GMBH

ISBN 978-3-663-00265-9 ISBN 978-3-663-02178-0 (eBook)
DOI 10.1007/978-3-663-02178-0

Verlags-Nr. 023 135

Ursprünglich erschienen bei Westdeutscher Verlag, Köln und Opladen 1964
Softcover reprint of the hardcover 1st edition 1964

VORWORT

Überlegungen über die Automatisierung der Verwaltungstätigkeit in industriellen Unternehmungen ließen vermuten, daß die verschiedenartigen einzelnen Arbeiten auf eine gleichartige Grundfunktion zurückgeführt werden können. Zu dieser Fragestellung gab Herr Professor Dr. Dr. Beste dankenswerterweise die Anregung, die Untersuchung in der vorliegenden allgemeinen Fassung durchzuführen.
Der Verfasser hat sich bemüht, in mehrjähriger praktischer Tätigkeit die dargestellten theoretischen Erkenntnisse aus den in der industriellen Praxis vorgefundenen Gegebenheiten heraus zu entwickeln.
Bei der Durchsprache einzelner Probleme erhielt der Verfasser darüber hinaus von Herrn Professor Dr. Dr. Beste und Herrn Professor Dr. von Kortzfleisch wertvolle Anregungen, für die er auch an dieser Stelle seinen besonderen Dank aussprechen möchte.
Die Arbeit wurde im Rahmen des Industrieseminars der Universität Köln angefertigt.

Essen, den 1. November 1962

INHALT

I. BEGRIFFE UND BEREICH EINER BETRIEBSWIRTSCHAFTLICHEN UNTERSUCHUNG ÜBER DIE INFORMATION IN DER INDUSTRIELLEN UNTERNEHMUNG

Die Tätigkeit in der industriellen Unternehmung kann sich mit zwei grundsätzlichen Gegenständen befassen: mit dem *Material* und mit der *Information.*

Der Verarbeitung des Materials galt schon sehr frühzeitig das Rationalisierungsbemühen des Unternehmers. Die moderne industrielle Fertigung, wie sie sich heute dem Betrachter darbietet, ist das Ergebnis ständiger Rationalisierungsmaßnahmen während der letzten 80 Jahre.

Die sie besonders kennzeichnende Tendenz zur Automatisierung hatte zur Voraussetzung den Einzelantrieb; im Elektromotor stand ihr dieses konstruktive Element zur Verfügung, das seit etwa 1890 in großer, schnell steigender Anzahl verwendet wurde.

Von einem hinsichtlich Intensität und Breite annähernd vergleichbaren Rationalisierungsbemühen auf dem Gebiet der Informationsverarbeitung kann hingegen bestenfalls seit 15–20 Jahren gesprochen werden. Im Laufe des letzten Krieges wurde das konventionelle Lochkartenverfahren in breiterem Maße in der Industrie eingeführt; nach Kriegsende erschienen die ersten alphabetschreibenden Maschinen auf dem Markt, und 1956, also vor 6 Jahren, wurde der erste Elektronenrechner für kommerzielle Anwendung in Deutschland aufgestellt. So sieht sich heute die Industrie der Lage gegenüber, daß die Entwicklung der Materialverarbeitung derjenigen der Informationsverarbeitung weit vorangeeilt, ihr teilweise sogar einfach davongelaufen ist.

Neben den innerbetrieblichen Reibungen, die eine solche Disproportionalität naturgemäß erzeugt, hat die ungleichartige Entwicklung in Betrieb und Verwaltung auch eine soziale Umschichtung im breitesten Ausmaß eingeleitet, deren Folgen heute noch gar nicht abzuschätzen sind. Mechanisierung und Automatisierung haben dem mit der Materialverarbeitung Beschäftigten einen wirtschaftlichen Wirkungsgrad gegeben, der um ein Mehrfaches höher als der eines Informationsbearbeiters ist. Diese Entwicklung spiegelt sich auch in der Bewertung und Entlohnung der Arbeiter- und

Angestelltentätigkeit wider, und die Unterbewertung vieler geistiger Tätigkeiten – weit über das hinaus, was davon überhaupt mechanisierbar oder automatisierbar ist – hat hierin eine ihrer Hauptursachen.

A. Unterschiedliche Produktivität bei der Materialverarbeitung und der Informationsverarbeitung

Wie ist es zu dieser unterschiedlichen Entwicklung gekommen? Neben anderen scheinen hauptsächlich drei Faktoren eine Rolle zu spielen:

1. Die Menge der Informationen.
2. Die verfügbare Technik.
3. Der Anreiz zur Rationalisierungsinvestition.

Die Menge der Informationen, die in industriellen Unternehmen verarbeitet werden müssen, nahm erst kurz vor Beginn der zwanziger Jahre in beachtlichem Maße zu. An diesem Ansteigen war sowohl das absolute Wachsen der industriellen Produktion beteiligt als vor allem auch die Verlängerung der Produktionswege und die stärkere Arbeitsteilung. Die Zahl der notwendigen Dispositionen und Vollzugsmeldungen wuchs sprunghaft.

Den nächsten Impuls erhielt das Anwachsen der Informationsmengen durch Kostenrechnung und Planung. Um die Materialverarbeitung wirtschaftlich zu steuern, benötigte man eine Vielzahl von Informationen über Kosten und Leistung jedes Arbeitsganges und jedes Fertigungsbetriebes, und so nahm mit zunehmender Größenordnung der Materialverarbeitung die Größenordnung der betrieblichen Informationsverarbeitung überproportional zu[1]. Hatte bis dahin die zunehmende Menge von Informationen durch zusätzlichen Einsatz von Menschen noch rechtzeitig verarbeitet werden können – dieser Woge von Informationen war der mit Maschinen kaum ausgestattete Apparat der Informationsverarbeitung in den industriellen Unternehmungen bei weitem nicht gewachsen. Jetzt erst wurde die Informationsverarbeitung Objekt dringlicher Rationalisierungsbemühungen, weil sie nicht mehr in der Lage war, der Produktion die Informationen in ausreichender Menge und – vor allem – mit genügender Schnelligkeit zu liefern.

Weiterhin hat lange Zeit eine geeignete geschlossene Technik nicht zur Verfügung gestanden. Rationalisierung der Arbeitsabläufe allein, die ja stets

[1] Hierzu äußern sich unter anderen vor allem *Böhrs, Hermann*, in den Schriften „Rationelle Büroarbeit", München 1953, S. 10f., und „Die wachsenden Büros und der Strukturwandel der menschlichen Arbeit", München – Bern 1960, und *Mills, Wright C.*, „Menschen im Büro", Köln-Deutz 1955, S. 108.

stattgefunden hatte, auch der Einsatz von Rechen- und Schreibmaschinen, Vervielfältigungsgeräten und Telefon, selbst von konventionellen Lochkartenmaschinen konnten den Wirkungsgrad nicht erreichen, der hinsichtlich Menge und Verarbeitungsgeschwindigkeit gefordert wird. Erst die elektronische Datenverarbeitungsmaschine ist in der Lage, mit der Menge der Informationen in einer Zeitspanne fertig zu werden, die den heutigen Erfordernissen entspricht.

Daß die Rationalisierung und Automatisierung der Informationsverarbeitung in der Industrie erst seit verhältnismäßig kurzer Zeit mit Nachdruck betrieben wird, muß neben diesem technischen Grund wohl auch auf den unterschiedlichen Anreiz zur Rationalisierungsinvestition bei Materialverarbeitung und Informationsverarbeitung zurückgeführt werden. Es sind ja nicht nur Kostenüberlegungen, die in der Materialverarbeitung zur ständigen Verbesserung der Geräte- und Maschinenausstattung führten. Eine mindestens gleich große, wenn nicht größere Rolle spielte, daß der Markt ständig präziser und gleichmäßiger gefertigte Produkte und größere Produktionsmengen forderte. Die aus diesem Grunde geschaffenen und eingesetzten besseren Werkstoffe und besseren und größeren Maschinen bewirkten aber in der Regel, daß die gesamte Materialverarbeitung wirtschaftlicher wurde als bisher. Insbesondere die zunehmende Arbeitsteilung führte dazu, jeden Verarbeitungsschritt speziell zu untersuchen und in technischer und wirtschaftlicher Hinsicht optimal zu gestalten.

Ein derartiger, vom Markt her kommender Anreiz zur Rationalisierungsinvestition lag für die Informationsverarbeitung lange Zeit hindurch nicht vor.

Heute sieht sich die industrielle Unternehmung in vielen Fällen nicht mehr in der Lage, ihre Produkte marktkonform anzubieten, weil sie die hochentwickelte Materialverarbeitung mit der derzeitigen Informationsverarbeitung nicht mehr elastisch genug steuern kann. An dieser Situation würde auch der zusätzliche Einsatz von Menschen – selbst wenn er aus der Arbeitsmarktlage heraus zu realisieren wäre – nichts ändern. Heute ist es auch bei der Informationsverarbeitung der Markt – und nicht nur der Aktionär –, der eine schnellere und rationellere Informationsverarbeitung fordert. Daraus vor allem erklärt sich, neben dem durch die Arbeitsmarktlage ohnehin bewirkten Automatisierungstrend, das erst jetzt einsetzende starke aktive Interesse der industriellen Unternehmung an der Rationalisierung ihrer Informationsverarbeitung.

B. Zum Wesen der Information als Tätigkeitsgegenstand in der industriellen Unternehmung und zur Kommunikation

Wie ist nun der Begriff „Information" aufzufassen, und welche wesentlichen Eigenschaften besitzt er im Hinblick auf die betriebliche Tätigkeit?

Für die Produktion gibt es in der industriellen Unternehmung einen gemeinsamen Gegenstand sämtlicher Produktionstätigkeiten, gleichgültig, ob sie im einzelnen „Drehen", „Bohren", „Stanzen" oder anders heißen. Es wird *Material* verarbeitet.

Für Tätigkeiten in der Verwaltung der industriellen Unternehmung wie „Buchen", „Rechnen", „Korrespondieren" und andere mehr sollte ebenfalls ein gemeinsames Objekt bestimmt werden. Dieser gemeinsame Gegenstand ist die *Information.*

„Information" umfaßt alle Mitteilungen, wie z. B. Aufträge und Rechnungen, Datenzusammenstellungen zur Unterrichtung und Auskunftserteilung, zur Übermittlung von Befehlen, Anweisungen und Nachrichten. Der Inhalt dieser Informationen kann in Zahlen oder verbal ausgedrückt werden.

Die Information weist als Tätigkeitsgegenstand einige besondere Wesenszüge auf, die sie vom Material unterscheidet[2].

Erstens: Die Information ist unkörperlich. Sie wird erst dann faßbar und meßbar, wenn sie in einen Informationsträger eingegangen ist, der ein Stück Papier, eine Lochkarte, eine Folge von Schallwellen oder eine Kette elektrischer Impulse sein kann. Um für die beabsichtigte Untersuchung eine zutreffende Vorstellung von der Information zu vermitteln, genügt es, sich die Information als den unkörperlichen Inhalt eines beschriebenen Blattes Papier – eines Briefes oder Formulars – vorzustellen.

Zweitens: Die Information stellt keinen Wert an sich dar. Sie kann nicht beziehungslos in der Unternehmung existieren. Eine Information ist als Objekt betriebswirtschaftlicher Betrachtung erst dann relevant, wenn sie von einer Stelle abgegeben und von einer anderen Stelle aufgenommen wird[3].

Zum Aufnehmen der Information gehört einmal, daß sie in irgendeiner Weise, z. B. mündlich oder schriftlich, vom Absender an den Empfänger gelangt, zweitens, daß der Empfänger sie aufnimmt, und drittens, daß er sie verarbeitet. Trifft eine dieser drei Bedingungen nicht zu, so kann nicht von einer Information gesprochen werden; es handelt sich dann um ein

[2] Siehe auch *Szyperski, N.*, Analyse der Merkmale und Formen der Büroarbeit, in „Bürowirtschaftliche Forschung", herausgegeben von Prof. Dr. *E. Kosiol*, Berlin 1961, S. 93 ff.

[3] Vgl. auch *Kramer, R.*, Die betriebswirtschaftliche Bedeutung von Information und Kommunikation, insbesondere für die Struktur des Betriebes, Diss. Mannheim 1962, S. 12 u. S. 94 f.

beziehungloses Etwas oder, vom Effekt her gesehen, um ein Nichts. Allerdings, und das ist nun wieder wichtig, um ein Nichts, das Geld gekostet hat.

Beim Material ist das anders. Ein im Arbeitsablauf irgendwo liegengebliebener Eisenträger z. B. hat immer noch einen eigenen Wert, wenn auch die „Anarbeitungskosten" vergeblich aufgewendet wurden. Eine nicht angekommene Information ist absolut wertlos; sie ist – hier sei der verpönte Ausdruck einmal gestattet – ein reiner „Unkostenfaktor".

Beim Aufnehmen und Verarbeiten seitens des Empfängers liegen heutzutage gewöhnlich die Reibungsstellen in der Organisation der Informationsverarbeitung. Ein großer Prozentsatz von Informationen wird von den Empfängern nur noch aufgenommen und nicht mehr verarbeitet. Die bloße Menge überfordert sie. Durch den Transport der Information über zu viele und zum Teil überflüssige Stellen hinweg werden aber nicht nur vergleichsweise höhere Verarbeitungskosten verursacht – denn auch das bloße Aufnehmen der Informationen beansprucht Arbeitszeit –, sondern es wird auch der Nutzen der Information geschmälert.

Denn es liegt im Wesen der Information, daß ihr Nutzen mit fortschreitender Zeit gewöhnlich stark sinkt [4].

Weiter kann man im Gegensatz zum Material aus vielen Informationen eine anfertigen, oder auch umgekehrt aus einer viele, ohne daß sich ihr äußeres Erscheinungsbild ändert und ohne daß ein irgendwie geartetes „Urmaterial" gebraucht würde. Um 5 Personen je einen Apfel zu geben, muß man 5 Äpfel haben. Um jeder dieser 5 Personen die Vorstellung „Apfel" zu vermitteln, bedarf es einer Vorstellung „Apfel" beim Geber, die er dann sogar noch behält [5]. Es ist wohl gerade diese wesentliche Eigenschaft der in eine Information verarbeiteten Vorstellung, deren nicht genügend durchdachte Anwendung Veranlassung zur „Papierlawine" ist.

Aber nicht nur die Information selbst, sondern vor allem auch ihr Austausch zwischen Gebern und Empfängern, also die Kommunikation, ist ein betriebswirtschaftliches Grundproblem. Das Bedürfnis nach Kommunikation und die Fähigkeit zur Kommunikation ist eine so selbstverständliche, zutiefst menschliche Eigenschaft [6], daß ihr normalerweise kaum Beachtung geschenkt wird. Nur dort, wo die Kommunikation gestört wird, erregt sie das

[4] Vgl. *Wiener, N.*, Mensch und Menschmaschine, Frankfurt 1952, S. 8, *Grochla, E.*, Möglichkeiten einer Steigerung der Wirtschaftlichkeit im Büro, in „Bürowirtschaftliche Forschung", herausgegeben von Prof. Dr. *E. Kosiol*, Berlin 1961, S. 49.

[5] Der weiter oben definierte Begriff „Information" ist quantitativ aufzufassen. Steht auf zwei Formularen der gleiche Text, so handelt es sich um zwei Informationen. Für die folgenden Betrachtungen ist primär die quantitative Dimension der Information wichtig und erst in zweiter Linie die qualitative. Die qualitative Information wurde hier als „Vorstellung" bezeichnet.

[6] *Wiener, N.*, a. a. O., S. 8 f.

allgemeine Interesse; weniger der Tatsache der Störung als vielmehr der ins Auge fallenden Folgen ihres Ausbleibens wegen.

Der älteste uns überlieferte Fall einer solchen Störung der Kommunikation im industriellen Bereich wird im 1. Buch Mose, Kapitel 11, berichtet. Es ist der mißlungene Turmbau zu Babel. Die biblische Sprachverwirrung – also die vollkommene Kommunikationsstörung – machte ein Großbauvorhaben mit dem Augenblick ihres Eintretens undurchführbar. Durch sie wurde nicht der Turm selbst angerührt; die Organisation, die diesen Turm bauen sollte, hörte einfach auf zu existieren.

Kommunikation kann mit Recht als Voraussetzung jeder Organisation bezeichnet werden.

Die wissenschaftliche Organisationslehre hat das zentrale Problem der Aufgabenteilung und Aufgabenzuordnung gründlich und umfassend untersucht und dargestellt[7]. Dabei ist aber im allgemeinen das Kommunikationsproblem ein wenig stiefmütterlich behandelt worden. Man hat, und das zeigte sich naturgemäß erst bei der praktischen Anwendung, nicht immer genügend berücksichtigt, daß die Belastung des Kommunikationsnetzes in einer Unternehmung nicht beliebig steigen kann, ohne daß von ihr eigene spürbare Rückwirkungen auf die Gestaltung der Organisation ausgehen. Und mit zunehmender Aufgabenteilung pflegt das Maß an Kommunikation notwendig zuzunehmen.

Es scheint heute erforderlich zu sein, den in die betriebswirtschaftliche Erörterung der Aufgabenteilung eingegangenen grundlegenden Gesetzen der Materialhandhabung ebenso grundlegende Gesetzmäßigkeiten der Informationshandhabung zur Seite zu stellen.

C. Bereich und Ziele der Untersuchung

Die betriebswirtschaftliche Betrachtung der Information in der industriellen Unternehmung gibt der vorliegenden Untersuchung einen bestimmten Rahmen. Zum Untersuchungsbereich gehören nur diejenigen Informationen, die in Verfolgung der Ziele der Unternehmungstätigkeit ausgetauscht werden. Von diesen Informationen sind für eine betriebswirtschaftlich-organisatorische Untersuchung alle diejenigen Informationen von Interesse, deren

[7] Siehe z. B. Arbeitskreis Dr. *Krähe* i. d. Schmalenbachgesellsch., „Unternehmungsorganisation, Aufgaben- und Abteilungsgliederung in der industriellen Unternehmung", Köln u. Opladen 1957.
Nordsieck, F., Rationalisierung der Betriebsorganisation, Stuttgart 1955, *Schnutenhaus, O. K.*, Allgemeine Organisationslehre, Berlin 1951, *Ulrich, H.*, Betriebswirtschaftliche Organisationslehre, Bern 1949.

Gestalt, Verarbeitung und Kommunikation meßbar und organisierbar sind.
Die nachfolgenden Darlegungen beziehen sich auf die repetitiven, schematisierbaren Informationen, die zur Erreichung des Unternehmungszieles erforderlich sind, in relativer Menge und regelmäßig anfallen und deren Sammlung, Verarbeitung und Verteilung organisatorischer Festlegung zugänglich sind.
Hierunter fallen fast alle als innerbetrieblich bezeichneten Informationen und einige von außen kommende oder nach außen gehende Informationen wie Aufträge, Rechnungen oder damit zusammenhängende Einzelinformationen.
Dieser als *betriebswirtschaftliche Information* zu bezeichnende Informationstyp wird im Folgenden kurz „Information" genannt.
Die neue Technik der elektronischen Datenverarbeitung[8] ist an dem Zustandekommen der Fragestellung in zweifacher Hinsicht beteiligt. Erstens erlaubt die elektronische Verfahrensweise der Informationsverarbeitung erstmals, den bisher noch sehr diffusen Vorgang der „geistigen Büroarbeit" in seinen einfachen Abläufen präzise zu beschreiben. Die Untersuchung bedient sich daher zur Darstellung der Zusammenhänge vorwiegend der elektronischen Verfahrensweise. Dazu berechtigt wohl auch die Meinung von Medizin und Biologie, die das menschliche Verarbeiten von Informationen auf ähnliche, zum Teil gleiche Grundvorgänge zurückführt[9].
Zweitens entstehen aus dem Vorhandensein und dem Einsatz dieser elektronischen Datenverarbeitungsmaschinen in der Praxis sehr schnell allgemeingültige Probleme hohen Schwierigkeitsgrades, weil diese Technik innerhalb sehr verschiedenartiger Bereiche der Unternehmung Anwendung findet. Sie erfordert auch eine Anpassung an ihre eigenen Gesetze, denn die elektronische Datenverarbeitungstechnik war schon zu einer hohen technischen Vollkommenheit entwickelt, als man begann, sie für betriebswirtschaftliche Arbeiten einzusetzen.
Die Informationsverarbeitung wurde aus diesem Grunde zuerst auch nur als Problem der Nachrichtentechnik behandelt, und die Betrachtung des Schrifttums über Informationsverarbeitung zeigt auch heute noch ein Überwiegen der technischen Diskussion.

[8] Der Aufbau und die Verfahrensweise der elektronischen digitalen Datenverarbeitungsmaschinen dürften allgemein bekannt sein. Von ihrer Darstellung wird daher hier abgesehen. Zur Unterrichtung über die Maschinentechnik siehe z. B. *Billeter, E.*, Der praktische Einsatz elektronischer Rechenautomaten, Wien 1961, *Diemer, A.*, Das Wesen der automatisierten elektronischen Datenverarbeitung, Berlin 1962, *Hartmann, B.*, Betriebswirtschaftliche Grundlagen der automatisierten Datenverarbeitung, Freiburg im Breisgau 1961, *Thüring, B.*, Methoden der Programmierung, Teil I: Die Logik der Programmierung, Baden-Baden 1957.

[9] *Wiener, N.*, a. a. O., S. 68 f.

Der Einsatz dieser Technik in der betriebswirtschaftlichen Informationsverarbeitung ruft aber Strukturveränderungen in der Unternehmungsorganisation von einem Ausmaß hervor, die ohne wissenschaftliches Rüstzeug nicht mehr zu bewältigen sind. Wie bei der Rationalisierung der Materialverarbeitung, so wird auch hier die wissenschaftliche Darstellung und Lösung der Probleme von hervorragender Bedeutung sein.
Es ist kaum zu erwarten, daß die wissenschaftliche und praktische Entwicklung der Informationsverarbeitung wesentlich schneller erfolgen wird als die der Materialverarbeitung. Um so notwendiger wird empfunden, der zu erwartenden weiteren Diskussion eine gemeinsame Grundlage zu geben. Das soll hier versucht werden.
Aus der Vielfalt möglicher Ansätze sind drei Betrachtungen ausgewählt: die elementaren Bausteine betrieblicher Informationsverarbeitung, die grundsätzlichen Beziehungen zwischen der Einwirkungsstrecke und ihrer Informationsverarbeitung und schließlich eine Leistungs- und Kostenbetrachtung der Informationsverarbeitung.

II. DIE GRUNDBAUSTEINE DER INFORMATION UND IHRER VERARBEITUNG

Analysiert man die formale Struktur der betriebswirtschaftlichen Informationsverarbeitung, so findet man schließlich elementare Gebilde, die den Prozeß tragen. Diese Gebilde sind einmal die Information selbst, zum anderen die Zielrichtung, der Kommunikationsweg, den sie durchlaufen sollen, und zum dritten die Grundoperationen ihrer Verarbeitung.

A. Die elementare Struktur der Information

Jede Information besteht aus einer sinnvollen Kombination von Daten. Unter Daten sind zu verstehen die kleinsten semantischen Einheiten, wie z. B. eine Materialbezeichnung, eine Kostenstellen-Nummer, eine Zahl „555" als Mengen- oder Wertangabe usw.

Die Daten setzen sich aus Zeichen zusammen, deren Anzahl und Bedeutung durch den Sprachgebrauch festgelegt ist. Wir kennen Ziffern, Buchstaben und eine kleine Anzahl von Sonderzeichen, wie „DM", „+", „Cr", „(,)" usw.

Die Zeichen werden elektronisch abgebildet durch eine Kombination von bits[10] in einem beliebigen Code. Es ergibt sich also folgende Struktur:

formales Element ist das	bit			
mehrere bits ergeben ein		Zeichen		
ein oder mehrere Zeichen bilden ein			Datum	
zwei oder mehr Daten ergeben die				Information.

Die Beziehungen zwischen bit und Zeichen und die jeweils angewendeten Codes zur Zeichendarstellung sind fast ausschließlich von maschinentechnischer Bedeutung. Für die Zwecke dieser Untersuchung ist ihre Erörterung unnötig.

[10] bit = binary digit = kleinste logische Einheit (Ja/Nein-Information).

Die Betrachtung der betriebswirtschaftlichen Informationsverarbeitung kommt mit dem (aus Zeichen zusammengesetzten) *Datum* als elementarem Strukturteil der Information aus.

1. Der formale Gehalt der Information

Analysiert man eine betriebswirtschaftliche Information, so stellt man fest, daß sie stest einen Inhalts- und einen Adreßteil hat, denen unterschiedliche Anzahlen von Daten zugeordnet werden müssen.

Information

Inhalt	Adresse

So gehören z. B. bei der Information (a) „DM 1000,– per Bank an Forderungen" die Daten „Bank" und „Forderungen" zum Adreßteil, das Datum „DM 1000,–" zum Inhalt.
In gleicher Weise läßt sich auch die Information (b) „Auftrag von Müller, Köln, auf 100 m Rundeisen Ø 30 mm" aufteilen.

Information

	Inhalt		Adresse		
a)	DM 1 000,—		1. per Bank	2. an Forderungen	
b)	100 m Rundeisen Ø 30 mm		für Müller, Köln		
c)	1. 8,5 Normalstd.	2. 2 Überstunden	1. Meier	2. Kostenart: Lohn	3. Kostenstelle: A

Die gleiche Struktur weist auch die einfache, einem Lohnzettel entnommene Information (c) auf. Auch alle anderen betriebswirtschaftlichen Informationen lassen sich in der beschriebenen Weise einordnen, denn jede Information besteht aus mindestens zwei Daten. Die Daten „per Bank" oder „DM 1000,–" oder „100 m Rundeisen Ø 30 mm" für sich wären ohne Aussagegehalt. Inhalts- und Adreßteil können dabei mehr als ein Datum aufweisen.
Man kann also definieren: jede betriebswirtschaftliche Information besteht aus den Teilen „Informationsinhalt" und „Informationsadresse". Diesen

formalen Begriffen Inhalt oder Adresse sind nun die Daten der Information keineswegs unlösbar zugeteilt. Die Daten, die z. B. im soeben angeführten Schema dem Informationsinhalt und der Informationsadresse zugeteilt wurden, sind zwischen Inhalt und Adresse auswechselbar, je nachdem, welcher Phase der Informationsverarbeitung man sie unterziehen will. Betrachtet man die Information als gegeben und die Struktur als Maßstab, so kann gesagt werden: bei einer betriebswirtschaftlichen Information sind Inhalt und Adresse austauschbar.

Der Inhalt einer Information kann also zur Adresse werden, die Adresse zum Inhalt. Ein Beispiel für diese Auswechselung gibt die Information (b) „100 m Rundeisen ∅ 30 mm für Müller, Köln". Gelangt diese Information als Lieferliste an ein Fertiglager, so ist „Rundeisen ∅ 30 mm" die Adresse und „100 m für Müller, Köln" der Inhalt.

Die Beobachtung, daß Inhalt und Adresse auswechselbar sind, macht es nun notwendig, einen Bezugspunkt festzulegen, der der Formalstruktur Inhalt und Adresse die Daten der Information eindeutig zuordnet. Hierzu muß auf die Eigenart betrieblicher Informationsverarbeitung näher eingegangen werden.

Diese Eigentümlichkeit besteht darin, daß die Verarbeitung der Informationen im wesentlichen in der statistischen Zuordnung zu Informationsbeständen besteht. Verfolgt man den Lauf einer Information durch den Betrieb, so stellt er sich – abgesehen von einigen Ausnahmen einfacher Umformung – als eine Kette von Zuordnungen zu verschiedenen Informationsbeständen dar.

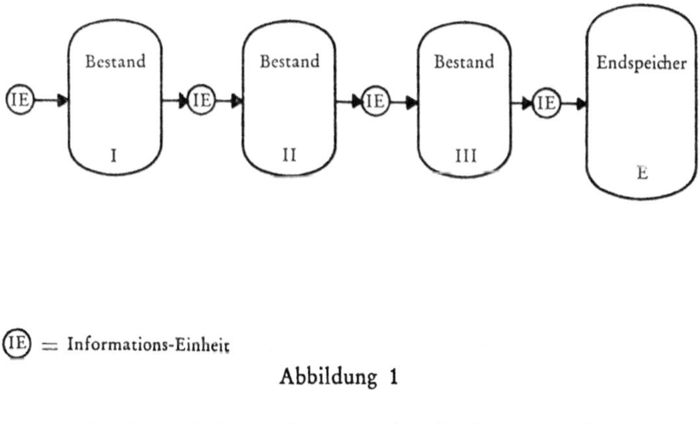

Abbildung 1

Dabei unterscheiden sich die Ordnungsmerkmale der Bestände voneinander; die Bestände enthalten immer die gleiche Art von Informationen, erfassen sie aber nach unterschiedlichen Merkmalen. Bezeichnet man nun das Zu-

ordnungsmerkmal bei dem Informationsbestand als Sortierbegriff, bei der einzelnen Information als Adresse, so wird klar, daß bei wechselndem Sortierbegriff auch Inhalt und Adresse der Information wechseln müssen.
Eine eindeutige Aussage über die zum Inhalt und die zur Adresse gehörigen Daten kann also nur in bezug auf einen Informationsbestand gemacht werden.
Das bedeutet im übrigen gleichzeitig, daß die Adresse der Information die Instruktion für den nächsten Verarbeitungsgang ausdrückt und aufruft.
Es liegt nun nahe, zu überprüfen, ob *alle* in den schematisierbaren betriebswirtschaftlichen Informationen enthaltenen Daten zur Bildung einmal von Inhalt und zum zweiten von Adresse dienen können.
Die betriebliche Informationsverarbeitung bewirkt ein ständiges Bilden und Verändern von Informationsbeständen. Die Schwankungen der Bestände werden in meßbaren Dimensionen wie DM, kg, m, Stück, Stunden usw. ausgedrückt. Diese Größenordnung ist aber – von wenigen Ausnahmen der mittelbaren Klassifizierung abgesehen – stets Verarbeitungsgegenstand und nie Verarbeitungsadresse. Das Datum „Dimensionsangabe" kann also als „absoluter Inhalt" angesehen werden. Diese Eigenschaft hat für die Verarbeitung insofern Bedeutung, als sie gleichzeitig über das – hier sehr starke – Maß an Variabilität und damit an Prüfbarkeit (Richtigkeits- bzw. Gültigkeitsprüfung) und Sicherungsnotwendigkeit der Daten Angaben macht.
Weitere „absolute Inhalte" kann es in konkreten Organisationen geben. Sie entstehen dadurch, daß zu einem notwendigen Datum der Information kein Bestand gebildet wird. Man kann schließen, daß in einer Organisation der Informationsverarbeitung der Anteil absoluter Inhalte um so geringer wird, je mehr Bestände vorhanden sind.
Allgemein kann jetzt formuliert werden: ein absoluter Informationsinhalt liegt immer dann vor, wenn zu einem Datum kein Bestand vorhanden ist.
Wie steht es aber mit der Absolutheit von Adressen? Für sie müßte die umgekehrte Regel gelten: eine absolute Informationsadresse liegt immer dann vor, wenn ein Datum nicht Bearbeitungsgegenstand – und also nicht Informationsinhalt wird.
Ein allgemeines, bestimmtes Datum ist hier kaum zu benennen. Die Bildung absoluter Adressen ist zunächst von der Vielfalt der statistischen Erfassung der Informationen abhängig. Darüber hinaus gibt es absolute Adressen innerhalb der elektronischen Datenverarbeitungsanlage, die aus Gründen der Organisationselastizität zweckmäßigerweise maschinen-intern gehalten werden; es sind dies Kernspeicher-, Trommelspeicher- und Plattenspeicheradressen, deren Aufruf seitens der Maschine nicht durch Vergleich, sondern über feste Verdrahtung erfolgt.

Für die richtige und sparsame Bemessung des Informationsvolumens in den verschiedenen Verarbeitungsabläufen ist diese Beobachtung wichtig. Zergliedert man z. B. eine Lohnuraufschreibung so, daß man den Datenteil, der absoluter Inhalt ist, als Informationskern K betrachtet und die übrigen Daten um diesen Kern herum anordnet, so lassen sich die für die verschiedenen Verarbeitungszwecke notwendigen Informationsvolumina leicht und plastisch darstellen.

Die Lohnuraufschreibung soll enthalten:

1. Personal-Nr.
2. Abteilungs-Nr.
   (als leistende Kostenstelle)
3. Auftrags-Nr.
4. Kostenstellen-Nr.
5. Lohnwoche
6. Lohnstunden-Anzahl.

Nimmt man die Bewertung der Lohnstunden vorweg, so ergeben sich als Informationskern K die Daten Stundenanzahl und Lohnkosten. Die volle Information weist dann folgende Struktur auf (a):

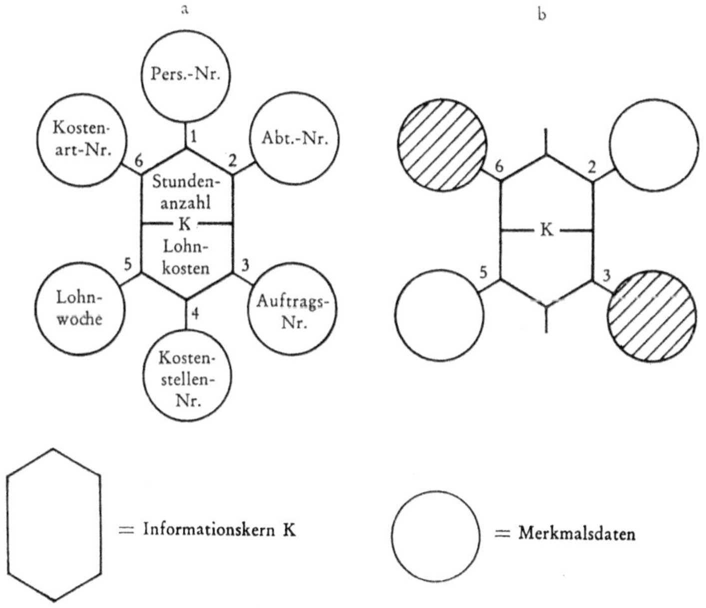

Abbildung 2

Numeriert man die hier als Merkmalsdaten bezeichneten austauschbaren Daten, wie im Schaubild, und stellt man dazu eine Tabelle über die benötigten Daten der Information bei verschiedenen Verarbeitungszielen auf, so kommt man zu dem Ergebnis, daß zur Erreichung der verschiedenen Verarbeitungsziele immer nur ein Teil der Merkmalsdaten als Inhalt mitgeführt werden muß.

Daten

Verarbeitungsziel	K	1	2	3	4	5	6	Informationsvolumen (Datenanzahl)
1. Lohnabrechnung	x	x	x			x		4
2. BAB	x		x		x	x	x	5
3. Kostenträgerrechnung	x			x			x	3
4. Innerbetriebliche Verrechnung	x		x		x	x	x	5
5. Arbeitsstundenstatistik	x		x			x		3

Zur plastischen Darstellung sind im Bild (b) die Daten der Bearbeitungsfälle 3., Kostenträgerrechnung, (schraffierte Daten + Kern) und 5., Arbeitsstundenstatistik (nicht schraffiert), dargestellt. In der Tabelle sind die (Haupt-)Adressen unterstrichen. Die nicht unterstrichenen Daten bilden jeweils den Informationsinhalt.
Eine solche Darstellung der Struktur der einzelnen Informationen vermittelt eine Übersicht über die in einer konkreten Organisation umlaufenden Informationen. Insbesondere vermag diese Betrachtung Anregungen zur Neugestaltung von Informationstypen und Verarbeitungsabläufen zu geben, da sie gemeinsame Kerne und gemeinsame Merkmalsdaten leicht aufzeigt.
Für die Anwendung des sog. Integrationsprinzips bei elektronischer Datenverarbeitung ist gerade diese Betrachtung wichtig. Sie zeigt nämlich, daß das Auswerten nur eines Informationskerns für *alle* Arbeitsabläufe diesen Kern mit einer ungewöhnlich großen Anzahl von Merkmalsdaten belastet, während man früher den Kern in mehrere Informationen mit vergleichsweise geringerer Anzahl der Merkmalsdaten einsetzte. Es kann, wenn die Integrationsbestrebung übertrieben wird, aus dem angeführten Grunde durchaus zu Unwirtschaftlichkeiten oder zur Schwerfälligkeit in der Verarbeitung kommen.
Einer Analyse der Informationen auf die notwendige Datenanzahl hin kommt daher große Bedeutung zu. Denn die gewählte Informationsstruktur bestimmt die zu verarbeitende Menge von Informationen.

2. *Der informative Gehalt der Information*

Für die organisatorische Betrachtung spielt der konkrete Inhalt einer bestimmten Information keine Rolle. Wichtig sind aber drei generelle, aus dem informativen Gehalt sich ergebende Unterscheidungen, die die Informationen gewissermaßen typisieren.

Erstens ist zu unterscheiden zwischen ursprünglichen und abgeleiteten Informationen. Ursprünglich sind alle diejenigen Informationen, die erstmals auf die Informationsverarbeitungsorganisation der Unternehmung auftreffen, ohne daß sie aus bereits vorhandenen Informationen sich ableiten lassen. Es handelt sich vor allem um von außen kommende Informationen, wie Kundenbestellungen, Lieferantenrechnungen, und um alle betrieblichen Meß- und Uraufschreibungsinformationen wie Wareneingang, Lohnstunden, Leistungsmenge usw.

Die ursprünglichen Informationen, die erstmals in die Informationsverarbeitung des Betriebes eingegeben werden, bedürfen einer besonderen und kostspieligen Eingabebehandlung, sofern sie nicht – was heute noch verhältnismäßig selten ist und es wohl auch noch einige Zeit bleiben wird – bereits in maschinenlesbarer Schrift anfallen. Gerade bei zunehmender Automatisierung der Informationsverarbeitung und bei zunehmender Integration muß in der Informationseingabe absolute Genauigkeit erreicht werden[11]. Diese strenge Forderung muß erhoben werden, weil die Maschine gegenüber den eingegebenen Informationen unkritisch ist; eine solche Kritik könnte nur auf Grund von internen Vergleichsdaten erfolgen, und eben diese fehlen bei ursprünglichen Informationen.

Einen Vorgang der Informationsverarbeitung aber, an dem Menschen beteiligt sind, so zu organisieren, daß er fehlerlos funktioniert, ist stets sehr aufwendig.

Die zweite Unterscheidung ist darüber zu treffen, ob es sich um einzelne oder verdichtete Informationen handelt. Im Unterschied zum Material hat die Information die Möglichkeit, die Inhaltssumme vieler – gleicher – Informationen auszudrücken, ohne ihre Gestalt sichtbar zu verändern. Die Information „10 m Rundeisen usw." unterscheidet sich von der aus 100 solcher Informationen gewonnenen Information „1000 m Rundeisen usw." in formaler Hinsicht nicht. Dagegen ist der Unterschied zwischen der Materialmenge 10 m Rundeisen und 100 × 10 m Rundeisen evident. Aber nicht nur hinsichtlich ihrer Erscheinungsform, auch in bezug auf Handhabung und Verarbeitung ist die zusammengesetzte Information der einfachen Information „10 m Rundeisen usw." gleich. Die Tatsache, daß sie zusammen-

[11] Vgl. *Pietzsch, J.*, Automatisierung und Verwaltung, in „Automation und Unternehmensverwaltung", Köln und Opladen 1959, S. 45.

gesetzt ist aus mehreren, vielleicht vielen einzelnen Informationen, ist ihr nicht ohne weiteres anzusehen.
Die Information vom Typ derjenigen über „10 m Rundeisen“ soll als „einzelne Information“, die zusammengesetzte als „verdichtete Information“ bezeichnet werden.
So sind z. B. die Kundenbestellungen für Staubsauger jede für sich Einzelinformationen; der Auftrag an die Fertigung, im Monat Mai 100 Staubsauger zu fabrizieren, ist dagegen eine verdichtete Information.
Unter welchen Bedingungen entsteht nun eine verdichtete Information? Wenn weiter oben gesagt wurde, daß sich einzelne und verdichtete Informationen nicht voneinander unterscheiden, so trifft das nur bedingt zu, und zwar in Rücksicht auf die bei beiden gemeinsam aufgeführten Daten. Die Verdichtung gewinnt man in der Regel durch Weglassen von Merkmalsdaten, also eines Teiles der Einzelinformation, der hier einmal als der individuelle Teil bezeichnet werden soll, im Gegensatz zu dem schematischen Teil, der verdichtet wird.

	10	Staubsauger	für Müller, Frankfurt	im Mai
	5	Staubsauger	für Meier, Köln	im Mai
	3	Staubsauger	für Schulze, Hamburg	im Mai
	8	Staubsauger	für Schmidt, München	im Juni
	2	Staubsauger	für Schneider, Bonn	im Juni
1.	18	Staubsauger	für diverse oder	im Mai
2.	10	Staubsauger	für Lager	im Juni
3.	28	Staubsauger		im Mai/Juni

Das Beispiel zeigt, daß die Information um so stärker verdichtet werden kann, je mehr auf die Mitführung individueller Informationsteile (Merkmalsdaten) verzichtet wird.
Die am stärksten verdichtete Information einer industriellen Unternehmung dürfte der Dividenden-Prozentsatz sein; er allein wird allerdings in der Regel nicht mehr genügen, um eine ausreichende Vorstellung über die Unternehmung zu vermitteln. Hier zeigt sich übrigens, daß eine Information um so ungenauer und weniger aussagekräftig wird, je stärker sie verdichtet ist. Diese Beobachtung wird in einem folgenden Abschnitt noch verfolgt werden.

In der bisherigen Darstellung wurden stillschweigend „Einzelinformation" und ursprüngliche Information identifiziert, während als verdichtete Informationen nur abgeleitete Informationen gezeigt werden. Man könnte gegen diese Gleichsetzung einwenden, daß es ursprüngliche Informationen gibt, die – zunächst als einzelne Information in Erscheinung tretend – später in mehrere andere Informationen zerlegt werden. Es kann dies z. B. die Bestellung eines Staubsaugers sein. Diese Bestellung muß für die Fabrikation über die Stückliste und die Arbeitsanweisungen spezifiziert werden, damit der Betrieb weiß, was er tun soll. Man könnte hier sagen, daß es sich bei der Bestellung um eine zwar ursprüngliche, aber verdichtete Information gehandelt habe, und befände sich so im Widerspruch zu der oben gegebenen Definition.

Zweifellos ist der Begriff „Staubsauger" der Oberbegriff für die Teile, aus denen er besteht, und für die Zusammensetzung dieser Teile. Für den hier verfolgten Zweck – Aussagen über die Informationsverarbeitung der industriellen Unternehmung zu machen – ist aber entscheidend, daß es sich bei der Bestellung um eine *ursprüngliche Information* handelt, d. h., daß sie als Einzelinformation erstmalig in den Informationsbestand der Unternehmung aufgenommen wurde. Was im weiteren Verlauf ihrer Verarbeitung dann geschieht, interessiert für diese Strukturbetrachtung nicht.

Die Definition der verdichteten Information muß also dahin erweitert werden, daß es sich bei ihr um eine aus mehreren *bereits im Unternehmen vorliegenden Informationen* entstandene Information handelt. Das bedeutet dann ex definitione, daß eine verdichtete Information nicht ursprünglich sein kann.

Neben der Unterscheidung in ursprüngliche und abgeleitete Informationen sowie in Einzelinformationen und verdichtete Informationen läßt sich eine dritte Unterscheidung der Informationen nach der Art der durch sie vermittelten Aussagen vornehmen. Es kann sich bei diesen Informationen um eine Anweisung handeln oder um eine bloße Tatsachenfeststellung (Anweisungsinformation und Tatbestandsinformation).

Als Anweisung gelten dabei alle Inhalte, deren Eintreffen beim Empfänger der Information eine bestimmte Aktion auslösen, die durch diese Information beschrieben oder dimensioniert wird. So wird z. B. das Eintreffen der Information (b), Inhalt: „100 m Rundeisen ⌀ 30 mm", in der Produktion die Fertigung des bestellten Erzeugnisses auslösen.

Als Tatbestand sollen hingegen die Inhalte gelten, die über eine bestimmte Aktion im Betrieb unterrichten und die beim Empfänger keine Aktion auslösen. Ein solcher Tatbestandsinhalt liegt z. B. bei der Information (c) des Lohnzettels, Inhalt: „8,5 Normalstunden, 2 Überstunden" [12], vor.

[12] Siehe Seite 18

Das leuchtet ohne weiteres ein, wenn diese Information als Kontrollinformation im Betriebsbüro oder in der Arbeitsvorbereitung erscheint. In der Lohnabrechnung dagegen erscheint diese Zuordnung zum Tatbestand zunächst nicht so ganz klar, denn auf sie hin erfolgt die Aktion der Lohnabrechnung und des Lohnauszahlens.
Bei der Unterscheidung von Anweisungs- oder Tatbestandscharakter kommt es für die Informationsverarbeitung aber ausschließlich darauf an, ob sie die genannte Dimension *noch verändern kann oder nicht.* Wenn also mit dem Inhalt gearbeitet wird, ohne daß er eine Veränderung erfährt – wie z. B. bei der erwähnten Lohnabrechnung –, so ist das für die Unterscheidung gleichgültig.
Man kann es nämlich einer Information nicht immer ansehen, ob sie eine Anweisung oder bereits einen Tatbestand enthält.
Eine Aussage darüber ist erst dann möglich, wenn *der* Punkt im Arbeitsablauf bekannt ist, an dem sich die Information befindet, und damit auch ihre Stellung zur Aktion festliegt. Eine Information kann also ohne Änderung ihrer Inhaltsdaten etwas durchaus Verschiedenes aussagen, wenn geplante und gemessene Größe übereinstimmen.
Während für den einen Informationstyp – die Anweisungsinformation – die Möglichkeit einer Datenänderung immer im Auge behalten werden muß, und daher ihre vorzeitige Weiterverarbeitung an anderen Stellen vermieden werden sollte, kann die Tatbestandsinformation ohne Einschränkung verarbeitet werden.

3. Die betriebswirtschaftliche Maßeinheit der Information

In der Einleitung dieses Kapitels über die elementare Struktur der Information wurde bereits gesagt, daß die betriebswirtschaftliche Betrachtung der Informationsverarbeitung mit dem Datum als Element auskommt. Die organisatorische Untersuchung läßt sich mit diesem Begriff durchführen.
Es wird im Verlaufe der Untersuchung aber auch notwendig sein, über Mengen und Kosten Aussagen zu treffen. Für diese Teile der Untersuchung wie auch für die praktische Verwertung ihrer Ergebnisse ist es notwendig, zu einer exakten Quantität zu kommen, die den Umfang einer Information wiedergibt.
Eine derartige Maßeinheit kann nicht auf deduktivem Wege abgeleitet werden. Sie ist eine willkürliche Festlegung. Sie kann auch über qualitative Unterschiede nichts aussagen, sondern gibt nur einen mengenmäßigen, allerdings exakten Bezugspunkt.

Als Maßeinheit für den Informationsgehalt wird in anderen Disziplinen der Wissenschaft das bit verwendet[13]. Für die Verwendung in der betriebswirtschaftlichen organisatorischen Arbeit erscheint diese Einheit zu klein. Auch das Zeichen ist noch nicht recht brauchbar. Es soll daher die Lochkarte als Maßeinheit genommen werden, und zwar mit einem Inhalt von 40 Zeichen.

Die Wahl der Lochkarte liegt deshalb nahe, weil sie noch auf lange Zeit hinaus als billiger und fungibler Externspeicher und als gebräuchlichstes Ein- und Ausgabemedium anzusehen ist. Ferner ist für die Eingabe- und Ausgabegeschwindigkeit von Lochkarten bei Datenverarbeitungsanlagen die Anzahl der Karten – und nur selten die der Zeichen – maßgebend. Bei dem starken Einfluß, den Ein- und Ausgabevorgänge auf die Gesamtzeit der Operationen elektronischer Datenverarbeitungsanlagen haben, erscheint die Beziehung der Maßeinheit auf die Lochkarte insbesondere unter praktischem Aspekt sinnvoll.

Die Beschränkung auf 40 Zeichen in einer Lochkarte, also auf eine nur zur Hälfte ausgenutzte Karte, wurde ebenfalls aus praktischen Erwägungen heraus vorgenommen. Die einfachen betriebswirtschaftlichen Informationen – Zahlungen, Buchungen, Materialentnahmen, Akkordscheine – füllen eine Lochkarte gewöhnlich etwa zur Hälfte aus. Da es bei der Mengenrechnung aber gerade diese Informationen sind, die stark ins Gewicht fallen, soll die betriebswirtschaftliche Maßeinheit der Information, die „Informations-Einheit“, abgekürzt „IE“, als Lochkarte mit 40 Zeichen festgelegt werden.

Informationen, die mehr als 40 Zeichen umfassen, sollen durch ein entsprechendes Mehrfaches einer IE gekennzeichnet werden. Es sind dann zu bezeichnen

Informationen			bis	40 Zeichen	als	I–1–E (oder einfach IE)
Informationen	von	40	bis	80 Zeichen	als	I–2–E
Informationen	von	80	bis	120 Zeichen	als	I–3–E
Informationen	von	120	bis	160 Zeichen	als	I–4–E
			usw.			

Die Unterscheidung von I–1–E, I–2–E usw. ist erforderlich, um bei der Ermittlung von Operationszeiten elektronischer Datenverarbeitungsmaschinen nicht nur den von der Zeichenanzahl abhängigen Aufwand, sondern auch den von der Informationsanzahl abhängigen Aufwand (z. B. beim Mischsortierverfahren) zu erfassen.

[13] Vgl. *Zemanek, H.*, Elementare Informationstheorie, München 1959.

B. Die elementaren Kommunikationswege

Wenn, wie im ersten Hauptteil aufgezeigt, die Kommunikation die Ausrichtung aller Unternehmensteile auf einen Zweck bewirken, also eine Organisation entstehen lassen soll, so muß sie alle Teile der Unternehmung miteinander verbinden. Das tut sie in bestimmter Weise, und dabei sollen die Verbindungsstrecken, auf denen die Informationen fließen, als Kommunikationswege bezeichnet werden[14].

1. Die vertikale und die horizontale Anordnung der Kommunikationswege

Das Modell einer Unternehmung[15] stellt sich prinzipiell wie folgt dar:

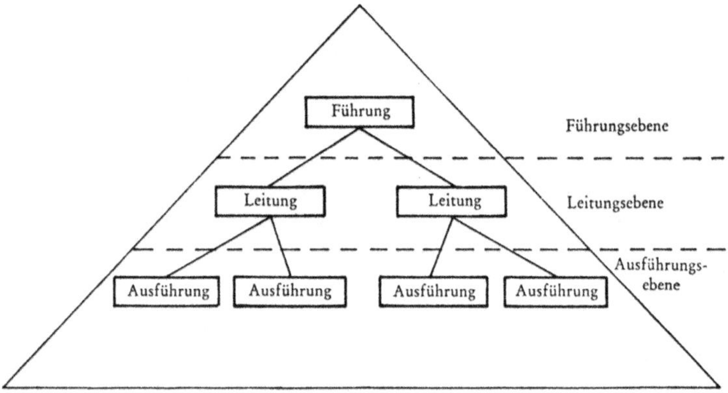

Abbildung 3

Über der Ausführungsebene, die in mehrere Bereiche je nach ihrer Tätigkeit eingeteilt ist, ist die Leitungsebene angeordnet, die einzelne Ausführungsbereiche zusammenfaßt. Darüber liegt die Führungsebene, der ihrerseits alle Leitungsbereiche zugeordnet sind. Dabei kann es – und in der

[14] Es interessieren hier nur die Kommunikationswege, die zum Austausch der betriebswirtschaftlichen Informationen notwendig sind.

[15] Vgl. *Meier, A.*, Rationelle Führung und Leitung in der Unternehmung, Stuttgart 1957, S. 34.

Praxis ist es auch die Regel – mehrere Leitungsebenen zwischen den Extremen Führung und Ausführung geben[16].
Die Kommunikationswege können einmal Bereiche auf gleicher Ebene miteinander verbinden. Es soll dann von horizontalen Kommunikationswegen gesprochen werden.
Oder sie können eine Ebene mit einer anderen Ebene verbinden. Dann wird von vertikalen Kommunikationswegen gesprochen.
Diese Unterscheidung hat für die Informationsverarbeitung und den Informationsfluß in zweifacher Hinsicht eine besondere Bedeutung. Erstens muß die Anzahl der Informationen abnehmen, je höher die Ebenen liegen, und das etwa in dem gleichen Maße, in dem die Anzahl der in diesen Ebenen tätigen Personen abnimmt. Zweitens lassen sich den drei grundsätzlichen Ebenen drei in gleichem Maße grundsätzliche Entscheidungskriterien – bzw. Freiheitsgrade – zuordnen: der Führung das Kriterium der Rentabilität, der Leitung das der Wirtschaftlichkeit und der Ausführung das der Produktivität.
Die Unternehmungsführung hat die Möglichkeit, alle Faktoren der Unternehmung zu beeinflussen: sie allein kann die verschiedenen Aufgabenbereiche Absatz, Produktion, Beschaffung, Finanzen in ihrer Größenordnung so zueinander in Beziehung setzen, daß die höchstmögliche Rentabilität, der Zweck der Unternehmung, erzielt wird.
Die Leiter der einzelnen Aufgabenbereiche sind an diese Zuordnung gebunden, sie haben mit ihrem Bereich eine bestimmte Leistung zu erzielen: ihre Aufgabe ist es, diese Leistung mit den vergleichsweise geringsten Kosten zu erreichen.
Das Rentabilitätsprinzip können sie nicht verfolgen, da ihnen der Einfluß auf die Faktoren der anderen Bereiche fehlt, die zusammen erst die Rentabilität der Unternehmung ergeben.
Die Angestellten in der Ausführung schließlich, denen der Rahmen ihrer Tätigkeit eng begrenzt vorgeschrieben ist, haben nur die Möglichkeit, ihre eigene Leistung zu variieren: sie sollen mit den ihnen zur Verfügung gestellten Mitteln und in der ihnen vorgeschriebenen Verarbeitungsmethode ein Höchstmaß an Leistung zuwege bringen, sie arbeiten unter dem Kriterium der Produktivität.
Die Anzahl der Entscheidungen über die Produktivität ist dabei naturgemäß sehr viel größer als die der Entscheidungen über Wirtschaftlichkeit oder gar Rentabilität; analog müßte sich auch das Ausmaß an Kommunikation verhalten, und das tut es auch.
Verfeinert man das Bild der Kommunikationswege, indem man die Flußrichtung der Informationen mit vermerkt, so ergibt sich folgendes Bild:

[16] Arbeitskreis Dr. *Krähe*, Unternehmungsorganisation, Aufgaben- und Abteilungsgliederung in der industriellen Unternehmung, 3. Auflage 1957, Köln und Opladen, S. 21.

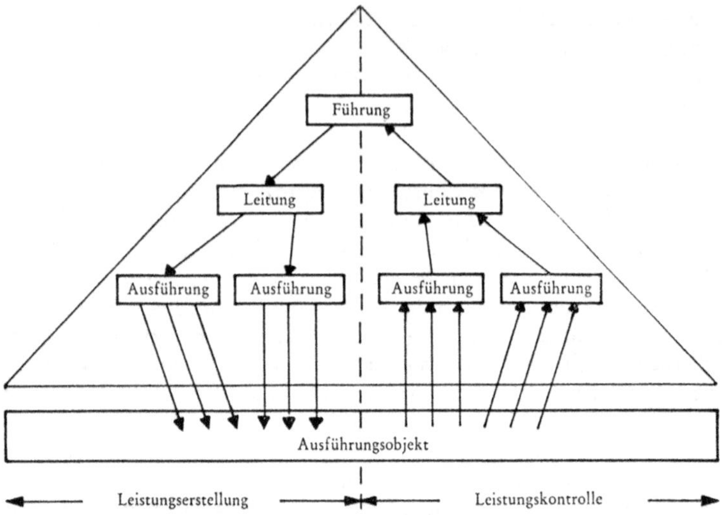

Abbildung 4

Von der Führung gehen Informationen über die Leitung an die Ausführung und wirken dadurch auf das Ausführungsobjekt ein. Es handelt sich vorwiegend um Befehle und Anordnungen. Diese Informationen sollen als *Steuerungsinformationen* bezeichnet werden.
Ein entgegengerichteter Strom von Informationen – wie Berichte, Zahlenzusammenstellungen usw. – geht als Meßergebnis des Ausführungsobjektes von der Ausführung über die Leitung an die Führung. Diese Informationen sollen als *Unterrichtungsinformationen* bezeichnet werden.
Für die Steuerungsinformation gilt der Grundsatz der Spezifizierung. Er besagt, daß diese von oben nach unten gehenden Informationen an jeder Stelle, die sie durchlaufen, um diejenigen Angaben ergänzt werden müssen – bzw. in so viele neue Informationen geteilt werden müssen –, wie zur genauen, konkreten Steuerung der Tätigkeit in den nachgeordneten Stellen erforderlich ist. Durchläuft eine Steuerungsinformation eine Stelle, ohne spezifiziert zu werden, so müßte der Impuls zu dieser Steuerungsinformation von jener Stelle und nicht von der übergeordneten gefaßt werden.
Dazu ein Beispiel: die Anordnung der Geschäftsführung, den Umsatz um 10% zu steigern, ist eine solche Steuerungsinformation; sie kann aber so nicht an die Ausführung weitergegeben werden, sondern es ist zu bestimmen, bei welchen Produkten der Umsatz gesteigert werden soll, auf welchen Anlagen die Mehrproduktion vorgenommen, welche und wieviel Rohstoffe

zusätzlich beschafft werden sollen und welche Gelder zur Finanzierung zu verwenden sind. Diese nähere Festlegung ist hier Aufgabe der Leitung.
Würde die Geschäftsführung bereits die für die Ausführung detaillierten Steuerungsinformationen weitergeben – und die Leitungsebene hätte nichts mehr hinzuzufügen –, so würde sie die Arbeit ihrer Untergebenen tun. Das widerspräche dem Wirtschaftlichkeitsprinzip.
Die Unterrichtungsinformationen unterliegen dem Grundsatz der Verdichtung. Diese von unten nach oben gehenden Informationen werden, wie es logisch der Umkehrung des Grundsatzes der Spezifizierung von Steuerungsinformationen entspricht, um so mehr in wenigen umfassenden Informationen zusammengefaßt, je höher die Ebene ist, für deren Unterrichtung sie bestimmt sind. Verdichtete Informationen sind z. B. Statistiken, Berichte usw.
Im Gegensatz zur Steuerungsinformation aber, an deren Spezifizierung jede berührte Ebene in gleicher Weise beteiligt ist, wird die Verdichtung der Unterrichtungsinformation in der Regel gleich in der Ausführungsebene für jeden Verdichtungsgrad vorgenommen. Das erklärt sich einmal daraus, daß hier fast überall ein festes, unveränderliches Verarbeitungsschema vorliegt, zum anderen aus der Tatsache, daß die Substanz der Information gleich ist: was die Leitung in detaillierter Form erhält, empfängt die Führung komprimiert[17].
Außer den vertikalen Kommunikationswegen weisen die industriellen Unternehmungen horizontale Kommunikationswege auf, die Stellen gleicher Tätigkeitsebene verbinden. Über die horizontalen Kommunikationswege werden grundsätzlich nur Einzelinformationen weitergegeben. Diese Einzelinformationen können eine Anweisung oder eine Mitteilung beinhalten. Sie sollen entsprechend als *Anweisungsinformationen* oder als *Mitteilungsinformationen* bezeichnet werden. Diese Unterscheidung erfolgt analog der von Steuerungs- und Unterrichtungsinformationen.
Für die horizontale Kommunikation gilt der Grundsatz der Weitergabe in Einzelinformationen und der gleichbleibenden Informationsbreite. Jede Spezifizierung oder Verdichtung – wie sie z. B. bei der Bearbeitung von Fertigungsaufträgen in der Ausstellung von Akkordscheinen und Materialscheinen zu beobachten ist oder in deren Zusammenfassung bei der Rechnungslegung zu einer Rechnung – verlagert die Kommunikation auf eine andere Ebene. Die unterste mögliche Kommunikationsebene in der Informationsverarbeitung eines Unternehmens ist dann gegeben, wenn sich die dort anzutreffenden Informationen nicht mehr spezifizieren lassen, bzw. wenn sie nicht mehr spezifiziert zu werden brauchen. Es sind dies gewöhn-

17 Vgl. auch *Nürck, R.*, Funktions- und strukturbedingte Regelungsmaßnahmen in der Unternehmung, ZfB 1960, S. 748.

lich die Informationen über die kleinsten isolierten Leistungseinheiten, aus denen sich die Erzeugnisse zusammensetzen, wie z. B. einzelne Lohnstunden, Materialeinheiten, Teile usw.
In ein System vertikaler und horizontaler Zielrichtung lassen sich alle organisierten Kommunikationswege in der industriellen Unternehmung einordnen. Je nach Zielrichtung weist die Kommunikation, also der Informationsfluß, bestimmte Eigenschaften auf.

2. *Das geschlossene Kommunikationssystem als grundsätzliche organisatorische Struktur*

Das menschliche Handeln setzt sich aus Entschlußfassung (Planung), Durchführung und Kontrolle zusammen, bildet also ein geschlossenes System.
In gleicher Weise stellt sich auch das unternehmerische Handeln – und somit auch die Kommunikation in den Unternehmen – dar: der Entschluß, die Planung, wird in Steuerungsinformationen umgewandelt, entsprechend denen die Durchführung erfolgt, über die durch die Unterrichtungsinformationen die Kontrolle gegeben wird. Je nach dem Ergebnis der Kontrolle wird ein weiterer Steuerungsimpuls gegeben oder ein zusätzlicher Entschluß gefaßt, und der Kreislauf beginnt von neuem. Die Kommunikation muß sich also immer in einem geschlossenen System vollziehen [18].
Diese Struktur der Verknüpfung von Kommunikationswegen als den Verbindungen zweier Stellen läßt sich aus dem Bild 4 für die vertikalen Kommunikationswege leicht ablesen. Hier schließt sich das Kommunikationssystem über der Führungsebene.
Zum Nachweis des Strukturprinzips für die horizontalen Kommunikationswege bedarf es einer Erweiterung des Bildes. Die Tätigkeit einer Unternehmung wird – vertikal – in Zielrichtung und Art durch die Anordnungen der Führung bestimmt. Die Größenordnung ihrer Leistungserstellung bestimmt aber letztlich der Markt oder, je nach geltender Wirtschaftsverfassung, der staatliche Plan. Die Angabe der Leistungs*dimension* erfolgt also von außen, und sie konkretisiert sich im Auftragseingang.
Ausgangspunkt der Information im horizontalen Kommunikationssystem ist also die Verkaufsabteilung; Arbeitsvorbereitung, Rohstofflager, Einkauf, Versand, Rechnungsabteilung, Kontokorrentbuchhaltung und schließlich wieder Verkauf sind die weiteren Stationen, die die Information durchläuft.
Man kann, da vor der Rechnungserteilung gewöhnlich eine Versandmeldung an den Verkauf geht, diesen Kommunikationskreis auch in zwei oder – z. B.

[18] Vgl. auch *Kosiol, E.*, Grundlagen und Methoden der Organisationsforschung, Berlin 1959, S. 39 ff., der als selbständiges Argument der systematischen Organisationsanalyse das Phasenprinzip, die Einteilung jeder Aufgabe in die Teilaufgaben Planung, Realisation und Kontrolle, bezeichnet.

bei Lieferung ab Lager – in noch mehr kleinere Kommunikationssysteme zerlegen. Das ist aber Anliegen einer konkreten Untersuchung im Einzelfall.

Für die allgemeine Betrachtung ist wichtig, daß die Kommunikationswege in der industriellen Unternehmung in einem geschlossenen System angeordnet sein müssen und daß diese geschlossenen Systeme vertikal oder horizontal angeordnet sein können.

Die Wirkungsweise und auch die besonderen Bedingungen der geschlossenen Kommunikationssysteme lassen sich nun sehr klar durch die technischen Vorgänge der Regelung und Steuerung beschreiben. Unter dem Begriff *„Regelung"* versteht man nach DIN 19226 „einen Vorgang, bei dem der vorgegebene Wert einer Größe fortlaufend durch Eingriff auf Grund von Messungen dieser Größe hergestellt und aufrechterhalten wird" [19]. Der vorgegebene Wert heißt Sollwert.

Steuerung dagegen ist ein Vorgang, bei dem eine Größe als Eingangsgröße eine andere Größe als Ausgangsgröße auf Grund einer vorgegebenen, bestimmten Gesetzmäßigkeit beeinflußt [20].

Es liegt nun nahe, die technische Theorie der Regelung und Steuerung auch auf betriebswirtschaftliche Vorgänge, und insbesondere auf die der Informationsverarbeitung, anzuwenden. Das wird im Folgenden geschehen. Man muß sich dabei aber stets darüber klar sein, daß es sich immer nur um eine *analoge* Anwendung dieser Theorie handeln kann und darf. Die Gültigkeit dieser Gesetze auch für betriebswirtschaftliche Vorgänge läßt sich erst von einer bestimmten Grobheit der statistischen Betrachtung an nachweisen. Im einzelnen, konkreten Beispiel können ihre strengen Gesetze nicht angewendet werden, weil in den betrieblichen Regelkreisen Menschen arbeiten, die willkürlich auf diese Regelkreise einwirken, und zwar in einer nicht berechenbaren Weise.

Hierzu gibt es ein naturwissenschaftliches Gegenstück in der Radioaktivität. Bei der Demonstration des radioaktiven Zerfalls vor einem größeren Auditorium wird gern an einen Geigerzähler ein Verstärker und ein Lautsprecher angeschlossen, aus dem bei dem Zerfall jedes einzelnen Atoms ein Knackgeräusch ertönt. Das beginnt meist mit einem völlig regellosen Geknatter, weil ja der Zerfall des einen oder anderen Atoms völlig spontan, willkürlich oder unberechenbar erfolgt. Es gibt dafür auch keine Formel. Wenn aber vom Verstärker nur jeder 5., 10., 20. usw. Impuls des Geigerzählers weitergegeben wird, ertönt aus dem Lautsprecher ein immer regelmäßiger werdendes Tacken, das schließlich, je gröber die Auswahl ist, die Gleichmäßigkeit einer Zeituhr erhält. Sowenig also eine physikalische For-

[19] DIN 19226, S. 2.
[20] Handbuch der Regelungstechnik, Berlin 1961, S. 17.

mel für den Einzelablauf gebildet werden kann, sosehr zeigt das Experiment, daß sich bei grob genug gewählter Messung sehr wohl eine Gesetzmäßigkeit finden läßt, die ja schließlich auch die Grundlage dafür ist, daß kontinuierlich arbeitende Atomkraftwerke gebaut werden können.

Der Mangel an Stringens im betriebswirtschaftlichen Regelkreis, der die Anwendung von Formeln zumindest problematisch macht, darf aber nicht nur als organisatorisches Negativum gesehen werden. Es ist ja gerade diese spezifisch menschliche Fähigkeit zur Kritik an dem vorgeschriebenen Verarbeitungsprogramm, die der Organisation der Unternehmungstätigkeit ihre notwendige Elastizität gegenüber wechselnden Einflüssen gibt, und die als Faktor wirtschaftlicher Tätigkeit nicht wegzudenken ist. Daß ein auf Grund dieser Fähigkeit erfolgender Eingriff in den Regelkreis auch einmal falsch oder unnötig sein kann, liegt in der Unvollkommenheit des Menschen begründet. Diese Unvollkommenheit macht aber die Aufgabe des Menschen, kritisch zu arbeiten, nicht weniger notwendig.

Stellt man die geschlossenen Kommunikationssysteme in einer Unternehmung mit regel- und steuerungstechnischen Begriffen dar, so ergibt sich folgendes prinzipielle Bild[21]:

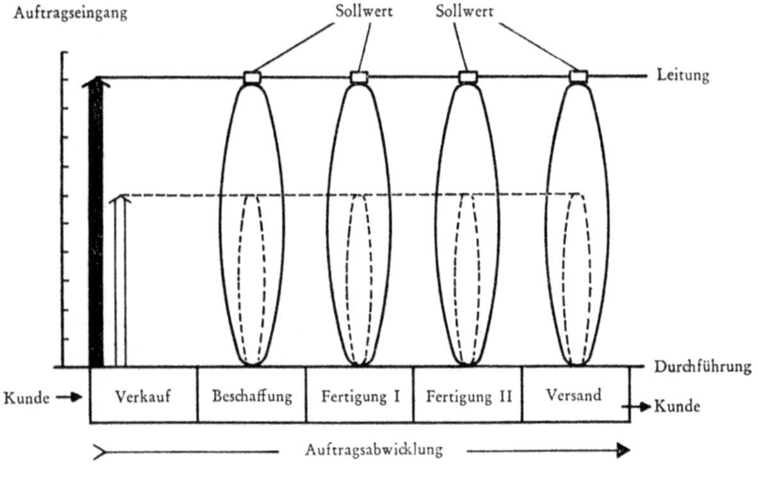

Abbildung 5

Die industrielle Unternehmung ist vertikal organisiert in einer Anzahl von Regelkreisen, deren Sollwerte vom Markt (Auftragseingang) horizontal gesteuert werden. Das Schaubild gibt diese Sollwertsteuerung durch die unter-

[21] *Wehr, Hilde,* „Die Rationalisierung der Produktionssteuerung", Diplom-Arbeit im Industrieseminar der Universität Köln, Köln 1959, S. 19.

schiedliche Höhe des schwarzen und des weißen Pfeils, die Sollwertbeeinflussung durch die horizontale, durchgezogene bzw. gestrichelte Linie wieder. Im Modell schließt sich auch der horizontale Kommunikationsweg über den Verkauf bzw. den Markt; es liegt aber kein Regelungs-, sondern ein Steuerungsvorgang zugrunde, weil die gelieferte Leistung die Nachfrage des Marktes im Prinzip nicht beeinflußt.
Bezogen auf die einzelne Lieferung allerdings kann man einen Regelungsvorgang insoweit unterstellen, als ein vorgegebener Wert (nämlich die Lieferung) *erreicht* werden soll. Er wird aber nicht *aufrechterhalten.* Die Regelungsdefinition wird also – gesehen auf die kontinuierliche Betriebstätigkeit – nur punktuell erfüllt.
Das gezeigte Modell setzt nun, streng genommen, Zeitgleichheit der Vorgänge oder Konstanz des Sollwertes = Auftragseingang und das Fehlen von Soll-Ist-Abweichungen voraus. Verifiziert man das prinzipielle Schaubild etwas, so gelangt man zu folgender Darstellung:

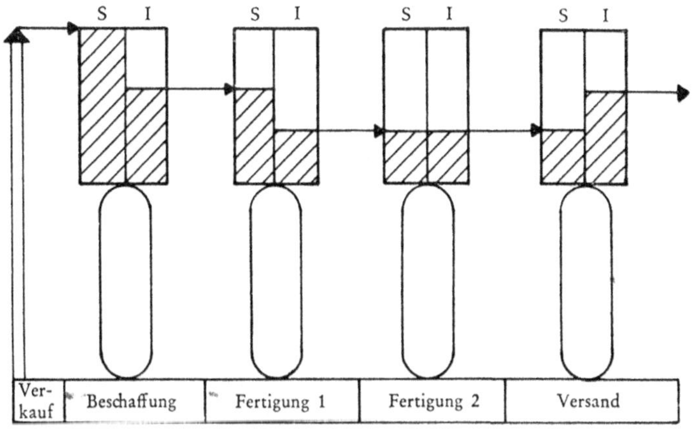

Abbildung 6

Hier hängt jetzt der Sollwert des nachfolgenden Regelungskreises jeweils vom Ist-Wert seines Vorgängers ab, wird also von diesem – und nur noch indirekt vom Auftragseingang – gesteuert.
Diese Darstellung ist realistischer; denn der Versand z. B. kann nicht mehr versenden, als produziert wird. Gleichzeitig wird die Darstellung aber komplizierter, und die Komplikation nimmt sehr schnell zu, wenn die Analyse in die einzelnen Abhängigkeiten hinein fortgetrieben wird.
Dem Schaubild kann nur entnommen werden, wie in jeder Unternehmung die Regelungs- und Steuerungsvorgänge grundsätzlich angeordnet sind.

Aber bereits aus den für dieses Modell geltenden Einschränkungen und aus der verhältnismäßig groben Art der Betrachtung wird unschwer klar, daß eine Darstellung aller – miteinander verflochtenen – Regelungs- und Steuerungsabhängigkeiten in einer industriellen Unternehmung sich in brauchbarer Form kaum entwerfen läßt.

Die organisatorische Untersuchung der Informationsverarbeitung kann die erwähnten Prinzipien, deren grundsätzliche Gültigkeit auch für betriebswirtschaftliche Vorgänge unbestreitbar ist, daher nur in schmalen, abgegrenzten Bereichen anwenden, und auch dort nur in der weiter oben erwähnten analogen Art.

C. Die elementaren Verarbeitungsvorgänge

Informationen können mit dem Ergebnis verarbeitet werden, daß am Schluß der Verarbeitung einer einzelnen Information wieder eine einzelne – wenn auch irgendwie modifizierte – Information vorhanden ist. Es soll dann von „Umformen" gesprochen werden. Die Ausstellung einer Rechnung auf Grund des Lieferscheines ist ein solches Umformen.

Informationen können weiter mit dem Ergebnis verarbeitet werden, daß am Schluß der Verarbeitung mehrerer oder vieler Informationen eine einzige, neue Information sich ergibt. Das ist der Verarbeitungsvorgang des „Verdichtens". Als Beispiel kann die Verdichtung der Lohnuraufschreibungen zur Monatslohnabrechnung angeführt werden.

Schließlich können Informationen so verarbeitet werden, daß am Schluß der Verarbeitung einer einzigen Information mehrere, bisweilen viele neue Informationen entstanden sind. Hier liegt ein „Spezifizieren" vor. Das durch einen Fertigungsauftrag ausgelöste Ausstellen der Materialentnahmescheine auf Grund der Stückliste ist eine spezifizierende Informationsverarbeitung.

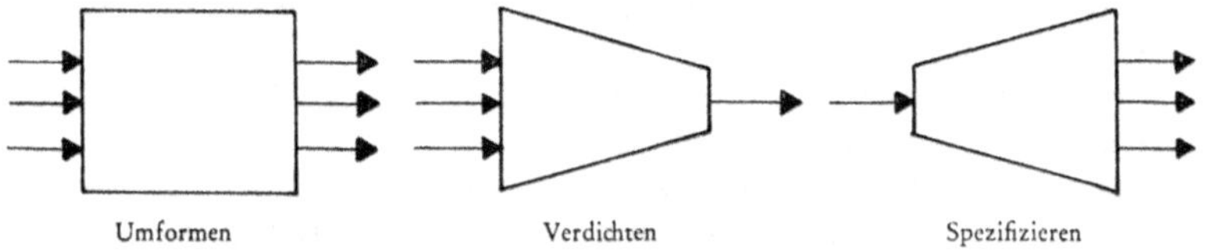

Abbildung 7

1. *Operationen*

Die drei in ihrer Auswirkung auf die Anzahl der Informationen verschiedenen Vorgänge setzen sich aus wenigen elementaren Verarbeitungsvorgängen zusammen.

Als elementarer Verarbeitungsvorgang hat vorab die Anwendung der vier Grundrechenarten zu gelten[22]. Weiter sollen als für die betriebswirtschaftliche Betrachtung relevante Grundoperationen gelten

das Sortieren
das Zuordnen
das Transformieren.

a) Sortieren

Durch den Sortiervorgang wird eine beliebige Anzahl von Informationen in eine geordnete Reihenfolge gebracht, die durch das Sortiermerkmal (Adresse) angegeben wird. Die Auftragsnummer z. B. ist ein solches Sortiermerkmal.

Methodische Grundlage des Sortierens ist das *Vergleichen* zweier Ordnungsbegriffe miteinander, das die Ergebnisse „größer", „gleich" oder „kleiner" haben kann. Auf Grund des Vergleichsergebnisses werden die einzelnen Informationen so hintereinandergeordnet, daß eine in der Regel aufsteigende Reihenfolge der Informationen nach der Systematik des Sortiermerkmals erzielt wird.

Man unterscheidet – nicht nur bei maschineller Informationsverarbeitung – zwei Sortierverfahren: das numerische Sortieren und das Mischsortieren. Beim numerischen Sortieren werden alle Informationen zunächst nach der letzten, dann nach der vorletzten, drittletzten usw. Stelle des Sortierbegriffs geordnet, bis nach Erreichen der ranghöchsten Stelle die Ordnung des Informations-Bestandes erreicht ist.

Der zu sortierende Bestand muß so oft durch die Maschine laufen, wie der Sortierbegriff Stellen aufweist[23]. Der Sortieraufwand hängt also außer von der Anzahl der zu sortierenden Informationen wesentlich von der Länge des Sortiermerkmals ab.

Das Mischsortieren kann gewöhnlich sinnvoll nur mit einer elektronischen Datenverarbeitungsanlage, die mit Magnetbändern ausgerüstet ist, durch-

[22] Der Elektronenrechner kommt zwar nur mit einer Grundrechenart, dem Addieren, aus; die Operationen Subtrahieren, Multiplizieren und Dividieren werden durch Kehrwertaddition bzw. durch fortgesetzte Addition oder Subtraktion ausgeführt. Eine Analyse der Informationsverarbeitung gleichsam über die Molekularstruktur hinaus bis zur Atomstruktur würde jedoch die Untersuchung nur komplizieren und unverständlich machen; daher wird hier von einer so weitgehenden Aufteilung abgesehen.

[23] Beim Sortieren von Buchstaben auf einer Lochkartenmaschine sind $1^1/_2$ bis 2 Durchläufe je Stelle nötig.

geführt werden. Es arbeitet so, daß es je nach dem Ergebnis des Ordnungsmerkmalvergleiches zweier Informationen die eine oder die andere nachordnet. Im ersten Durchlauf bilden sich geordnete Strips von je 2 Informationen, im zweiten Durchlauf solche von je 4, im dritten von je 8 usw. So vergrößert sich bei jedem Durchlauf die Ordnung, bis sie, wenn die gesamten Informationen einem Strip angehören, vollständig geworden ist. Beim Mischsortieren spielt die Länge des Sortierbegriffs eine unwesentliche Rolle. Die Zahl der Durchläufe wird angegeben durch den Exponenten derjenigen Zweierpotenz, in deren Zahlenbereich die Anzahl der zu sortierenden Informationen noch gerade liegt. So erfordert das Sortieren von 100 Informationen (nächsthöhere Zweierpotenz $2^7 = 128$) 7 Durchläufe, das von 3500 Informationen (nächsthöhere Zweierpotenz $2^{12} = 4096$) 12 Durchläufe. Zu allgemeinen Betrachtungen des Aufwandes der Informationsverarbeitung wird man vorteilhaft das Mischsortierverfahren annehmen, da sein Aufwand ausschließlich vom Umfang des zu sortierenden Informationsbestandes abhängt.

b) Zuordnen

Der Begriff „Zuordnen" umfaßt als Grundvorgang alle diejenigen Verarbeitungsvorgänge, die als logistische Verarbeitung – im Gegensatz zur rechnerischen Verarbeitung – bezeichnet werden. Instrument ist hier auch wieder die Vergleichsoperation.

Das Zuordnen einer Information kann geschehen in bezug auf ein differenzierendes Programm, z. B. eine Entscheidungskaskade; dann wird gewöhnlich ein weiteres Merkmal der Information hinzugefügt. Es kann weiter eine Zuordnung zu einer oder mehreren anderen Informationen sein, wie z. B. beim Spezifizieren, und schließlich die Zuordnung zu einem Informationsbestand. Hier kann in einem Verdichtungsvorgang die Einzelinformation untergehen, es kann sich aber auch um ein Speichern der Einzelinformation z. B. in einem Dispositionsbestand, einem Fertigungsplan handeln. Viertens soll als besonderer Fall das Bewerten von Mengenangaben hervorgehoben werden.

Der Zuordnungsvorgang läßt in den wenigsten Fällen den Informationsumfang unverändert. Gewöhnlich beinhaltet er ein *Selektieren* oder *Koppeln* von Informationen. Häufig tritt beides gleichzeitig auf.

Ein selektierender Verarbeitungsvorgang liegt dann vor, wenn aus einer Information nur bestimmte Daten ausgewählt und weitergegeben werden, so daß die nach der Verarbeitung entstandene Information weniger umfänglich ist als die eingegebene.

Mit Koppeln wird der gegenteilige Verarbeitungsvorgang bezeichnet. Hier werden der eingegebenen Information zusätzliche Informationen oder Daten

hinzugefügt, so daß die ausgegebene Information einen größeren Umfang aufweist als die eingegebene.
Man kann den Inhalt der Zuordnungsprogramme weiter analysieren und klassifizieren; damit wäre aber für die Zwecke dieser Untersuchung wenig gewonnen. Es soll daher bei der vorgenommenen Begriffsbestimmung bleiben.

c) Transformieren

Der letzte der hier zu nennenden Grundvorgänge bei der Informationsverarbeitung ist das *Transformieren.* Hierunter soll das Übertragen einer Information von einer Form in eine andere Form verstanden werden. Es kann erstens ein bloßes Verändern des Code beinhalten, wie z. B. das Schreiben einer Lochkarte auf ein Formular, das Ablochen eines Beleges oder die Umwandlung des gelochten Code in eine elektrische Impulskette. Zweitens kann es beinhalten die vorwiegend außermaschinellen Verschlüsselungs- und Entschlüsselungsvorgänge, um eine Information von der Marktsprache in die Betriebssprache oder von der Betriebssprache in die Maschinensprache zu übersetzen.
Dieser Vorgang ließe sich zwar – streng genommen – als eine Kombination von Vergleichen, Koppeln und Selektieren darstellen; er bildet aber einen Spezialfall und ist auch zu durchsichtig und einfach, als daß er als Vorgangskombination für die Zwecke der vorliegenden Untersuchung benötigt würde.
Zudem weisen die hierin eingeschlossenen Eingabe- und Ausgabeoperationen bei maschineller Datenverarbeitung besondere Bedingungen auf. Vor allem ist die dafür benötigte Verarbeitungszeit relativ lang, so daß es für organisatorische Überlegungen wichtig ist, den Vorgang des Transformierens gesondert in den Kalkül einzubeziehen.
Alle in der industriellen Unternehmung vorkommenden Typen der Informationsverarbeitung sind auf die Grundvorgänge: Sortieren, Zuordnen und Transformieren zurückzuführen. Gemeinsam ist diesen Elementen darüber hinaus noch, daß bei ihnen allen immer irgendwelche Änderungsinformationen mit einem Informationsbestand zu verarbeiten sind. Eine oder mehrere Änderungsinformationen werden in der Regel mit Bestandsinformationen zu einer neuen, auszugebenden Information verarbeitet[24].

Die Informationsbestände können angelegt werden, um die Informationen vor ihrer Weitergabe zu speichern. Sie können außerdem dazu dienen, die Anzahl oder den Inhalt der durchfließenden Informationen lediglich abzubilden. Drittens können sie den Umfang und die Anzahl der Informationen verändern.

[24] Vergl. S. 19

2. *Verarbeitung und Bestimmtheit der Information*

Es ist bisher untersucht worden, wie sich die Anzahl und wie sich der Umfang der Eingangsinformationen zu den Ausgangsinformationen bei unterschiedlicher Verarbeitung verhalten. Es fehlt noch ein weiteres Charakteristikum, das nicht Änderungen in der Anzahl und nicht im Umfang, sondern in der Qualität der Information durch die Verarbeitung kennzeichnet. Wesensbestimmend in dieser Hinsicht ist die Bestimmtheit der Information. Hierunter ist folgendes zu verstehen[25]: jede Information hat einen nach der Anzahl der Merkmale definierten Bestimmtheitsgrad. Denn je umfangreicher und detaillierter eine Information, desto konkreter ist ihre Aussage. Eine Summe z. B. sagt nichts mehr über die Qualität und Quantität der einzelnen Summanden.

Die Information eines Materialentnahmescheines, daß 2 m Eisenrohr für den Auftrag X von der Werkstatt Y verbraucht worden sind, weist einen größeren Grad von Bestimmtheit auf als die den gleichen Vorgang betreffende Information, daß für Auftrag X Materialkosten von 5,– DM entstanden sind. Die Bestimmtheit nimmt um so mehr ab, je weniger Merkmale das statistische Kollektiv aufweist. Weiter oben (vgl. S. 24) war die Verminderung der Merkmalsdaten bereits eine Voraussetzung für die Verdichtung von Informationen genannt worden. Wenn man also z. B. in einer Betriebsabrechnung verschiedene Mengen unterschiedlichen Materials und dazu noch Lohnstunden, die für einen bestimmten Auftrag verbraucht wurden, zusammenfassen will, dann geht man auf die bewerteten Mengen – in diesem Beispiel Kosten – über; und jetzt kann man Äpfel und Birnen, nämlich Stücke Obst, zusammenzählen.

Die Informationsverarbeitung in der Unternehmung ist in aller Regel nun so gestaltet, daß die vielfältigen Informationen von unten nach oben immer stärker zusammengefaßt – verdichtet – werden. Damit ergibt sich zwangsläufig auch ein immer gröberes Merkmalsnetz, bis man schließlich in der Bilanz und der Gewinn- und Verlustrechnung den geringsten Grad von Bestimmtheit erreicht.

Es ist also festzuhalten, daß in einer Unternehmung die Bestimmtheit der Information von unten nach oben abnimmt. Diese Feststellung trifft selbstverständlich auch auf die umgekehrte Kommunikationsrichtung – von oben nach unten – sinngemäß umgekehrt zu.

Damit diese Erkenntnis im konkreten Falle vergleichend zu verwerten ist, muß für das relative Maß der Bestimmtheit einer Information eine geeignete Bezugsbasis gefunden werden. Diese Basis soll die Information mit dem geringstmöglichen Unbestimmtheitsgrad sein. Das ist also diejenige

[25] Vgl. *Wiener, N.*, a. a. O., S. 23 ff., und *Zemanek, H.*, a. a. O., S. 48 ff.

Information – als Unterrichtungsinformation über einen Zustand oder ein Ereignis, als Steuerungsinformation über eine auszuführende Handlung – die nicht mehr präziser sein kann oder nicht mehr präziser zu sein braucht. Derartige Informationen mit dem Bestimmtheitsgrad 1 oder 100 sind in der Regel bei Unterrichtungsinformationen die ersten von unten, bei Steuerungsinformationen die letzten von oben im Informationsfluß eines Kommunikationssystems. Von einem absoluten Maß für die Bestimmtheit einer Information, etwa im Sinne einer maximalen Vollständigkeit der Merkmale, die zu einer Information überhaupt gehören können, darf deswegen nicht gesprochen werden, weil zur Unterrichtung oder zum Steuern einer Aktion je nach Vorinformationen, Ausbildungsstand des Personals usw. verschieden viele Merkmale notwendig sind[26].

Die Einteilung der Informationsverarbeitung in Kommunikationsebenen und die Beobachtung, daß Bestimmtheitsgrad und Anzahl der Merkmalsdaten etwa gleichlaufend zu- bzw. abnehmen, erlaubt neben der Aufstellung der betrieblich verschiedenen Basis der Bestimmtheit die Konstruktion einer weiteren Vergleichsgröße. Denn wenn im vertikalen Kommunikationsweg die Informationen von unten nach oben dem Grundsatz der Verdichtung und von oben nach unten dem der Spezifizierung folgen, so erhält jede Ebene Informationen mit einer anderen Anzahl Merkmalsdaten. Diese Anzahl der Merkmalsdaten richtet sich nach der in der betreffenden Ebene erforderlichen Bestimmtheit.

Der Begriff der „erforderlichen Bestimmtheit" ist etwa so aufzufassen wie der in der Mathematik gebräuchliche der „hinlänglichen" Bestimmtheit. Ein Dreieck z. B. ist „hinlänglich bestimmt", wenn von ihm drei Angaben bekannt sind. Weitere Angaben sind für den in der Geometrie Bewanderten nicht erforderlich, um bei ihm eine zutreffende Vorstellung zu erzeugen. Sie wären im Gegenteil schädlich, denn sie würden Unklarheiten erzeugen.

In gleicher Weise soll auch der betriebswirtschaftliche Begriff der erforderlichen Bestimmtheit gelten; eine Information soll nicht mehr Daten enthalten als erforderlich sind, um bei dem Empfänger eine zutreffende Vorstellung – und dann die gewünschte Aktion – hervorzurufen.

Bei falscher Wahl des Kommunikationsweges und auch aus anderen noch später zu erörternden Gründen kann es nun vorkommen, daß eine Stelle Informationen mit zu großem oder zu geringem Bestimmtheitsgrad erhält. Dann soll von Überbestimmtheit bzw. von Unterbestimmtheit gesprochen werden; beide Zustände der Information erfordern eine entsprechende korrigierende *zusätzliche* Informationsverarbeitung.

[26] Es handelt sich also um eine „intervale" Meßgröße und nicht um eine „kardinale" Meßgröße. Vgl. Begriffsbestimmung bei *Mattesich, R.*, Messung, Vorausberechnung und Buchhaltungsmodelle, ZfHF. 1960, S. 182 ff.

Eine Veränderung der Bestimmtheit der Informationen mit dem Ziel, daß sie abnehmen soll, geschieht durch den bereits beschriebenen Verdichtungsvorgang. Um eine Vergrößerung der Bestimmtheit zu erreichen, muß jedoch an das Verarbeitungsprogramm eine besondere Forderung gestellt werden: es müssen der Information im Programm zusätzliche Merkmalsdaten zugeführt werden, denn die Bestimmtheit einer Information kann nicht spontan zunehmen. Sie bleibt bei reversiblen Verarbeitungen konstant und nimmt bei irreversiblen Verarbeitungen ab, wie z. B. beim Verdichten; es sei denn, man führt zusätzliche Informationen zu.
Da dieses Zuführen von zusätzlichen Informationen aber bestimmte organisatorische Anforderungen stellt, soll bei der Verarbeitung unterschieden werden zwischen einer Verarbeitung mit Zuführung von zusätzlicher Information und einer Verarbeitung ohne Zuführung von zusätzlicher Information. Diese Unterscheidung muß nicht immer mit der Veränderung der Anzahl der Informationen gleichlaufen. Daher wird sie hier besonders herausgestellt.

III. GRUNDLAGEN FÜR DIE ORGANISATION DER INFORMATIONSVERARBEITUNG

Die Elemente der betriebswirtschaftlichen Informationsverarbeitung sind analysiert und dargestellt worden. In diesem Abschnitt ist nun zu untersuchen, wie sich diese Elemente gruppieren, wenn sie zu einer bestimmten Informationsverarbeitung zusammengefügt werden sollen.

Die Erörterung soll dabei auf diejenigen Überlegungen beschränkt bleiben, die grundlegenden Charakter für jede Organisation der Informationsverarbeitung haben. Denn die konkreten Zwecke und die konkreten Bedingungen der Informationsverarbeitung sind so vielfältig, daß die Formulierung von Lösungen unzweckmäßig ist.

Neben einfachen, bereits bei der Darstellung der Grundbausteine erwähnten Überlegungen sind es vor allem vier Fragen, die bei jeder Organisation der Informationsverarbeitung zu stellen sind: welche Informationsmenge verlangt die Einwirkungsstrecke, welche Anforderungen ergeben sich aus der Zeitbezogenheit der Information, welche organisatorischen Anordnungen fordert der Steuerungszweck, und welchen Umfang wird der Änderungsdienst annehmen?

Diese vier hauptsächlichen Determinanten für die Organisationsüberlegung sind interdependent; sie werden hier mit der Informationsverarbeitung nach Maßgabe des größten Gewichts in Beziehung gesetzt, wobei sich ein gelegentliches Übergreifen auf Nachbarabschnitte nicht vermeiden läßt.

A. Einwirkungsstrecke und Informationsmenge

Jede Informationsverarbeitung in der Unternehmung soll eine bestimmte Aufgabe erfüllen. Solche Aufgaben können bestehen z. B. in der Steuerung einer Materialverarbeitung oder der Durchführung einer Lohnabrechnung gemäß den Bedingungen des Tarifvertrages und denen der Steuer- und Sozialgesetze. Auf beides, Materialverarbeitung und Vertrags- und Gesetzesgebilde der Lohnabrechnung, soll die Informationsverarbeitung einwirken, um den angestrebten Zweck zu erreichen; und deshalb sollen die einer

Informationsverarbeitung zugrunde liegenden Gebilde auch als *Einwirkungsstrecken* bezeichnet werden.
Als Einwirkungsstrecke einer Informationsverarbeitung gelten also zur Erfüllung einer Aufgabe gebildete Strecken der Material- oder Informationsverarbeitung, zu deren Steuerung oder Durchführung diese Informationsverarbeitung organisiert werden muß.
Die Organisation der Informationsverarbeitung wird sich in jedem Falle nach den grundlegenden Bedingungen der Einwirkungsstrecke zu richten haben, z. B. nach denen der speziellen Materialverarbeitung oder denen des speziellen Vertrags- und Gesetzeswerks bei der Lohnabrechnung. Daraus ergibt sich vor allem für die Informationsmenge des entsprechenden Abschnitts der Informationsverarbeitung eine vorgegebene Größe.
Es ist nicht gleichgültig, wie die Einwirkungsstrecke gewählt wird. Sie muß keineswegs mit einer Abteilungsaufteilung zusammenfallen. Vielmehr kann die Arbeit einer Abteilung durch mehrere Einwirkungsstrecken erfaßt oder die Arbeit mehrerer Abteilungen in einer Einwirkungsstrecke zusammengefaßt werden. Die Wahl der Einwirkungsstrecke sollte so erfolgen, daß man ein möglichst geschlossenes Arbeitsfeld mit gleichartigen Informationen erhält.
Aus der festgelegten Einwirkungsstrecke ergibt sich für die Organisation der Informationsverarbeitung die benötigte Informationsmenge, die den Anfall von Informations-Einheiten (IE) in einem Monat (oder einem anderen Zeitabschnitt) angibt. Die Informationsmenge ist abhängig von *Informationsgehalt* der Einwirkungsstrecke und von der *Häufigkeit* der Informationsimpulse aus Dispositions- und Meßzwecken innerhalb eines Monats.
Der größeren Plastizität halber ist zur Darstellung im Folgenden eine Einwirkungsstrecke der Materialverarbeitung gewählt worden; die aufzuzeigenden Abhängigkeiten gelten jedoch allgemein und für alle Einwirkungsstrecken.

1. Der Informationsgehalt der Einwirkungsstrecke

Der Informationsgehalt einer Einwirkungsstrecke gibt an, wieviel Informations-Einheiten (IE) benötigt werden, um die Einwirkungsstrecke so zu beschreiben, daß ihr Prozeß ablaufen kann. Gemessen wird die Anzahl der Informationen unter Berücksichtigung ihres Umfanges, also ihrer Zeichenanzahl (I–1–E, I–2–E, I–3–E usw.).
Für die Herstellung eines Produktes z. B. benötigt man Informationen über das Ausgangsmaterial, also die Stückliste, und Informationen über die Art der Materialbearbeitung, also die Fertigungsvorschrift. Weiter sind Informationen über die zur Verfügung stehende Produktionskapazität an Maschinen und an menschlicher Arbeit erforderlich. Liegen diese Informationen

vor, so muß nur noch die Dimensionsangabe der Leistung und die Terminangabe hinzukommen, und die Einwirkungsstrecke kann arbeiten.
Der Umfang der Stückliste hängt dabei ganz einfach ab von der Anzahl der Einzelteile des Produktes. Ein stark zusammengesetztes Produkt wird mehr Informationen in der Stückliste aufweisen als ein wenig zusammengesetztes.
Ein Ähnliches gilt für die Fertigungsvorschrift. Auch ihr Umfang hängt wesentlich von den technischen Bedingungen ab. Hier wirkt sich aber auch bereits das Maß an Arbeitsteilung aus, das in der Materialverarbeitung angewendet wird, und zwar so, daß eine weitgehende Arbeitsteilung die Anzahl der nötigen Informationen vermehrt, und umgekehrt. Die Anzahl der Informationen in der Kapazitätsübersicht – z. B. dem noch nicht ausgefüllten Maschinenbelegungsplan – wird von den vorhandenen Anlagen und Maschinen und von der Personalstärke bestimmt.
Stückliste und Fertigungsvorschrift gehören zu den Relationsschemata der Unternehmung.
Als Relationsschema bezeichnet man eine Übersicht, in der die für die Erreichung eines betrieblichen Zieles – also z. B. für die Herstellung eines Produkts – erforderlichen verschiedenen Leistungen der Unternehmung in ihrem Verhältnis zum betrieblichen Ziel dargestellt sind. „Es ist aus ihnen zu ersehen, wieviel und welche Rohstoffe erforderlich sind, um eine in Auftrag gegebene Produktmenge herzustellen, wie lange eine bestimmte Anzahl von Arbeiten und Maschinen eingesetzt werden muß, wieviel Kapital für welche Zeit zur Fertigung des Gutes benötigt wird, von welcher Größe Transportgefäße und Verpackungsmaterial sein müssen usw.“ [27]
Die Relationsschemata setzen die Information „Produkt A“ der Einwirkungsstrecke Verkauf um in die vielen Informationen „Material A_1“ bis „Material A_n“, „Arbeitsgang A_1“ bis Arbeitsgang A_n“, und was noch an einzelnen Informationen zur Abwicklung des betrieblichen Prozesses notwendig ist. Auf Grund der Stückliste und der Fertigungsvorschrift wird eine aus dem Verkauf ausgehende Auftragsinformation umgewandelt, z. B. in eine Reihe von Materialentnahme-Informationen und Akkordvorgabe-Informationen, die jetzt Eingangsinformationen für die folgende Einwirkungsstrecke werden.
Der Informationsgehalt einer Einwirkungsstrecke wird nun in starkem Maße davon beeinflußt, welchen Grad von „erforderlicher Bestimmtheit“ die Organisation der Einwirkungsstrecke erfordert. Die „erforderliche Bestimmtheit“ wird festgelegt durch das Maß an Arbeitsteilung – bzw. Differenzierung – und durch die Speicherfähigkeit der Informationsempfangsstellen in der Einwirkungsstrecke.

[27] *Wehr, H.*, a. a. O., S. 20 ff.

Je arbeitsteiliger die Einwirkungsstrecke organisiert ist, um so mehr Angaben müssen gemacht werden, um das gewünschte Ziel zu erreichen. Wenn z. B. ein Stellmacher allein ein Wagenrad anfertigen soll, so genügt es, ihm wenige Angaben über die Abmessungen des Rades zu machen; die einzelnen Informationen für das Anfertigen der Nabe, der Speichen, der Felge, des Beschlages usw. ergeben sich für ihn aus seiner Vorstellung des Rades. Ist aber die Herstellung so organisiert, daß ein Stellmacher die Nabe, ein zweiter die Speichen, ein dritter die Felge, ein vierter den Beschlag anfertigt und das alles von einem fünften zusammengebaut wird, so müssen die Informationen hinsichtlich der Einzelteile, der Abmessungen und der Toleranzen wesentlich bestimmter sein, wenn hinterher ein brauchbares Rad entstehen soll.

Das bedeutet ein Wachsen des Informationsumfanges und der Informationsanzahl mit zunehmender Arbeitsteilung – und abnehmender Integration –, das einfach dadurch bedingt ist, daß der einzelne Informationsempfänger nicht mehr so viel Möglichkeit hat, aus einer übergeordneten, unbestimmten Information – dem Rad in unserem Beispiel – sich die bestimmteren Informationen abzuleiten.

Jedenfalls kann er nicht mehr die *gültigen*, bestimmteren Informationen mit Sicherheit ableiten, da er nicht ohne Kommunikation mit den jeweils Beteiligten die genaue Bestimmung der Information „Rad“ vornehmen kann.

Er ist dazu auch um so weniger in der Lage, als seine Aufgabe sich mehr und mehr den speziellen Problemen des ihm zufallenden Arbeitsabschnitts anpaßt und er bei der Herstellung z. B. von Radspeichen – gegenüber der früheren Ein-Mann-Fertigung – auf sparsameren Materialverbrauch, genauere Abmessungen, maximale Schnittgeschwindigkeit usw. achten soll. Das bedeutet aber zugleich eine nähere Bestimmung des Informationsgehaltes in der Einwirkungsstrecke, also ein Mehr an Informationen.

Es kann hier festgehalten werden: die Bestimmtheit einer Information ändert sich mit zunehmender Arbeitsteilung in der Einwirkungsstrecke in der Weise, daß sie ebenfalls zunimmt [28]. Einwirkungsstrecken mit gleichem Spezialisierungsausmaß müssen also einen gleichen Grad von Bestimmtheit ihrer Informationen aufweisen.

Neben der Organisation der Einwirkungsstrecken ist es die Speicherfähigkeit der Informationsempfangsstellen, die auf den erforderlichen Grad der Bestimmtheit einwirkt. Diese begrenzte Speicherfähigkeit erlaubt es z. B. in einer Ein-Produkt-Fertigung, die Informationen über die Fertigungsvorschrift generell – d. h. ein für alle Mal – zu erteilen; sie werden an den

[28] Vgl. auch *Hax, K.*, Planung und Organisation als Instrument der Unternehmungsführung, ZfHF. 1959, S. 610.

Empfangsstellen gespeichert und stehen dort zur Verfügung. Die Informationsweitergabe braucht sich dann nur noch auf die Angabe der Menge, also auf den Informationskern, zu erstrecken.
Werden aber mehrere Produkte hergestellt, vielleicht sogar viele Produkte, dann wird irgendwo das Speichervolumen so groß, daß nicht mehr gesichert ist, daß an jeder Speicherstelle die richtigen Merkmalsdaten vollständig zur Verfügung stehen. Das kann an der begrenzten Kapazität des menschlichen Gedächtnisses oder am häufigeren Wechsel der „Speichereigentümer", des Personals, oder an anderen Faktoren liegen.
Bei zunehmender Variation des Objektes in der Einwirkungsstrecke wird jedenfalls irgendwann die Schwelle der gesicherten Speicherkapazität überschritten; von diesem Punkt an ist es dann notwendig, außer dem Informationskern an Stelle einer Speicheradreßangabe für die gespeicherten Merkmalsdaten, die von der Zwei-Produkt-Fertigung an schon notwendig ist, alle erforderlichen Merkmalsdaten weiterzugeben.
Es kann also allgemein gesagt werden: bei gleichbleibendem Objekt der Einwirkungsstrecke erlaubt die Speicherkapazität der Informationsempfangsstellen in der Regel, die erforderlichen Merkmalsdaten zu speichern, so daß lediglich Informationskerne weiterzugeben sind. Wechselt aber das Objekt der Einwirkungsstrecke, so wird mit der Anzahl der wechselnden Objekte auch die Bestimmtheit der weiterzugebenden Informationen wachsen und damit der Umfang der Informationen.
Das kann aber dazu Veranlassung sein, die Einwirkungsstrecke zu verkürzen oder zu teilen, um nicht zuviel Überbestimmtheit bei der Festlegung des Informationsumfangs zu erhalten.

2. *Die Häufigkeit der Informations-Impulse*

Der Informationsgehalt ist aber nur die erste Komponente der Informationsmenge, die eine Einwirkungsstrecke in einem bestimmten Zeitraum benötigt. Die zweite Komponente ist die Häufikeit, mit der diese Informationen in die Kommunikation gegeben werden.
Es sind dabei generell zwei Ursachen für die Häufigkeit zu beachten: die Impulse bei Sortenwechsel und bei Mengenänderungen, die im wesentlichen vom Markt, besser: vom Auftragseingang abhängen, und die Bedingungen an die Häufigkeit, die sich aus der Konstruktion und der gewünschten Steuerbarkeit der Einwirkungsstrecke selbst ergeben.
Hat man eine Einwirkungsstrecke vorliegen, auf der mehrere oder viele verschiedene Produkte hergestellt werden, so leuchtet ohne weitere Erklärung ein, daß bei jedem Sortenwechsel ein neuer Informations-Impuls gegeben werden muß. Wie sich der Sortenwechsel auf die erforderliche Be-

stimmtheit der Informationen auswirkt, wurde bereits auf den vorhergehenden Seiten beschrieben.

In gleicher Weise kann sich bei gleichem Produkt – oder gleichen Produkten – die Mengenänderung im Auftragseingang auswirken, wenn man entweder kein Fertiglager hält oder wenn besondere Liefertermin-Situationen bestehen.

Neben diesen für die Einwirkungsstrecke exogenen Ursachen für die Häufigkeit der Informationsabgabe spielen eine große Rolle zwei endogene Bedingungen. Die eine Bedingung ergibt sich aus der reinen Konstruktion der Einwirkungsstrecke: die Beschränkung der Losgröße. Wenn z. B. in einer Gießerei nur Chargen bis zu 5 to gegossen werden können und wenn im Monat 100 to zu gießen sind, so wird man gewöhnlich 100 : 5 = 20 Aufträge (= Informationsimpulse) geben, um das Material schnell seiner weiteren Verarbeitung zuzuführen. Größere Aufträge werden dann in Teilaufträge unterteilt.

Das gleiche gilt auch z. B. für eine Lohnabrechnung. Wird laut Tarifvertrag monatlich abgerechnet und gezahlt, so hat man einen Abrechnungszettel. Wird wöchentlich abgerechnet, hat man 4 oder 5. Das ist die erste endogene Bedingung für die Informationsverarbeitung.

Die zweite ergibt sich aus der gewünschten Steuerbarkeit der Einwirkungsstrecke. Man könnte sich vorstellen, daß in einer Ein-Produkt-Fertigung ein Fertigungsauftrag in den Betrieb gegeben würde, der die Menge einer Jahresproduktion umfaßte. Für den unmittelbaren Fertigungsgang wäre das noch gleichgültig, wenn die Leistung durch die Kapazitätsbegrenzung gleichmäßig über 12 Monate hinweg erstellt würde. Anders wäre es z. B. schon im Beschaffungssektor, der sich einen 12-Monats-Vorrat an Ausgangsmaterial auf Lager nehmen und entsprechend überflüssige Lagerungskosten verursachen würde.

Ohne das Beispiel weiter auszumalen, ist eines klar: in einem wirtschaftlichen Produktionsverfahren dürfen nicht mehr knappe Mittel gebunden sein als notwendig sind. Es besteht also die Notwendigkeit, die Mengen der Einwirkungsstrecke so zu disponieren, daß die Wirtschaftlichkeitsforderung erfüllt wird. Für die Informationsverarbeitung bedeutet das ein Aufteilen der Menge in zeitlich näher bestimmte Teilmengen und somit ein Mehr an Informationen. Es wird im Beispiel eben nicht *eine* Bestellinformation über den Materialbedarf für *12 Monate,* sondern es werden vielleicht *sechs* Bestellinformationen über je einen *2-Monats-Bedarf* angefertigt und bearbeitet.

Ebenso gibt man auch der Fertigung mehrere Teilaufträge und nicht einen Jahresauftrag, was sich schon aus Gründen der Verkaufsdisposition, des Belegschaftsurlaubs usw. erklärt.

Bevor weiter auf Einzelheiten eingegangen wird, soll hier ganz allgemein festgehalten werden: die Häufigkeit der Weitergabe von Informationen

wird von der Unterteilung der Menge in der Einwirkungsstrecke in „disponierbare Teilmengen" bestimmt. Die Teilmengen können größenordnungsmäßig oder zeitlich gefunden werden oder aus einer Kombination beider.
Die Informationsmenge, die eine Einwirkungsstrecke innerhalb eines bestimmten Zeitraumes benötigt, ergibt sich dann aus dem Informationsgehalt der Einwirkungsstrecke und aus der Häufigkeit, mit der Informationsimpulse gegeben werden müssen; die Häufigkeit erhält man aus der Anzahl der Objektwechsel und innerhalb dieser aus der Anzahl der „disponierbaren Teilgrößen" in einem Zeitraum.

3. Informationsmenge und Steuerungselastizität der Einwirkungsstrecke

Die Unterteilung der Leistung in der Einwirkungsstrecke in „disponierbare Teilmengen" mit ihrer Auswirkung auf die Häufigkeit der Impulsgabe wird noch näher bestimmt durch die für die Einwirkungsstrecke geforderte Steuerungselastizität.
Unter Steuerungselastizität ist hier zu verstehen die Geschwindigkeit, mit der die Einwirkungsstrecke auf eine Änderung der an sie gestellten Anforderungen reagiert. Dabei gilt, und diese Voraussetzung ist sehr wichtig, daß die Änderung erfolgen soll, ohne daß eine geplante zeitlich begrenzte Aktion abgebrochen oder unterlassen werden muß, wenn sie in der Einwirkungsstrecke bereits begonnen wurde.
Diese Geschwindigkeit hat eine obere Grenze in der Trägheit der Einwirkungsstrecke selbst. Benötigt man z. B. zum Gießen eines Aluminiumbarrens 5 Stunden Schmelzzeit und zwei Stunden Gießzeit, so beträgt die Trägheit 7 Stunden. Und dauert das Lackieren eines Autos 30 Minuten, so beträgt die Trägheit eben 30 Minuten. Das gleiche gilt auch für Serienfertigungen, bei denen eine Rüstzeit auftritt: hier bestimmen Rüstzeit und Bearbeitungszeit für eine sinnvolle Losgröße die Trägheit.
Aus den angeführten Beispielen zeigt sich, daß es für die Steuerungselastizität der Einwirkungsstrecke keineswegs gleichgültig ist, wie groß man die „disponierbare Teilmenge" wählt. Denn mit der Auftragsmenge, die auf einmal (also in einer Information) disponiert wird, wird auch gleichzeitig bestimmt, für eine wie lange Zeit die einzelnen Verarbeitungskapazitäten der Einwirkungsstrecke belegt werden oder, wie man hier unter der oben genannten Voraussetzung der Durchführung einer einmal begonnenen Aktion treffender sagen kann: für eine wie lange Zeit sie blockiert werden.
Dividiert man nun die Arbeitszeit eines Monats durch die Teilmengen-Belegungszeit einer Einwirkungsstrecke, so erhält man die Häufigkeit der Informationsimpulse je Monat, die allgemein und für beliebige Zeitabschnitte als *Periodizität* bezeichnet werden soll. Da demnach Teilmengengrößen und

Periodizität sich umgekehrt proportional verhalten, kann jetzt formuliert werden: die Größe der Steuerungselastizität hängt direkt von der Höhe der Periodizität ab, mit der Informationen in die Einwirkungsstrecke gegeben werden.

Die Periodizität beeinflußt nun nicht nur die Menge der Steuerungsinformationen, sondern ebenso die der Unterrichtungsinformationen. Denn wendet man das Bild des Regelkreises – unter den weiter oben ausgeführten Einschränkungen – in Analogie zu den Kommunikationskreisen der Einwirkungsstrecke an, so ist der Ablauf in einem Regelkreis wie folgt beschrieben: über die Sollwertgröße wird eine Steuerungsinformation zur Ausführung gesandt; die Ausführung beginnt entsprechend der Größenangabe des Steuerungswertes zu arbeiten; aus der Meßstelle der Ausführung wird eine Meßgröße, eine Unterrichtungsinformation, nach oben zum Sollwertvergleich gesendet; Ist-Wert und Soll-Wert werden miteinander verglichen. Bei Abweichungen erfolgt eine korrigierende Steuerungsinformation usw.; der Kreislauf beginnt von neuem.

Jedem Steuerungsimpuls entspricht also ein Meßimpuls. Man kann dieses Gesetz auch so formulieren: die *Periodizität* – die Anzahl der Impulse je Zeiteinheit – der Steuerungsinformationen muß immer gleich derjenigen der Unterrichtungsinformationen sein.

Die prinzipielle Gültigkeit dieses Gesetzes läßt sich auch durch einfache Überlegung bestätigen. Man kann nicht ständig neue Anordnungen geben und ihre Durchführung nur selten überwachen: damit käme aus dem Betrieb schließlich kaum noch eine Leistung heraus. Man kann andererseits auch nicht dauernd messen und nur von Zeit zu Zeit auswerten und entsprechend disponieren; in diesem Fall wäre das Kontrollinstrument überdimensioniert und unwirtschaftlich.

Jede Veränderung der Periodizität wirkt sich also auf die Menge der Steuerungsinformationen und die der Unterrichtungsinformationen in gleicher Weise aus. Diese enge Beziehung zwischen Periodizität und Informationen regt aber noch eine weitere Betrachtung an. Offenbar muß die Bestimmtheit der Information in dem Maße ansteigen, in dem die Periodizität zunimmt. Und umgekehrt ist es notwendig, daß die Periodizität sich entsprechend der Bestimmtheit verhält. Denn es ist nicht sinnvoll, mit sehr genauen Meßwerten, die also bereits sehr kleine Abweichungen erkennen lassen, selten zu regeln. Ebensowenig ist es zweckmäßig, mit hoher Periodizität Steuerungsimpulse zu geben, wenn der Meßwert und der Steuerungswert sehr grob gewählt sind. Denn, wie oben festgestellt, besitzt jede Einwirkungsstrecke eine bestimmte Trägheit, Änderungen definierter Größe können also nur in einer bestimmten Zeit erfolgen; demnach wird also bei Verkürzung des Zeitabstandes zwischen zwei Messungen auch die zu erwartende Änderungsgröße geringer werden, so daß man sehr darauf achten muß, die Maschen des Zeit-Größe-Netzes in den richtigen und einander entsprechenden Dimensionen zu wählen[29].

Damit wird jetzt das für den Betriebswirt meistens so betrübliche Problem der Meßgenauigkeit angeschnitten, betrüblich für ihn deshalb, weil die Theorie es gewöhnlich vernachlässigt und die Praxis es doch kaum so recht löst.

Am ehesten kann man den Genauigkeitsforderungen noch dort entsprechen, wo es um Geld oder um Material geht. Schon die Messungen maschineller Arbeitsleistungen aber werden kompliziert, und wirklich problematisch verhält es sich mit der Leistung der menschlichen Arbeitskraft, wenn sie nicht mehr ausschließlich an eine entsprechende Maschinenleistung gebunden ist. Welche Reparaturkolonne gibt exakt an, wieviel Arbeitszeit sie auf dieser und jener Kostenstelle, bei dieser oder jener Reparatur benötigt hat? Und je mittelbarer die menschliche Tätigkeit wird, je mehr die Einwirkungsstrecke automatisiert ist, desto mehr gilt das Problem der Meßgenauigkeit für die Bereiche dieser „direkten" Kosten.

Wie das Problem der Meßgenauigkeit zu lösen ist, muß Gegenstand der konkreten Betrachtung bleiben. Hier ist nur ganz allgemein aufzuzeigen, daß der Festlegung der Periodizität – und damit der erreichbaren Steuerungselastizität – außer von der Trägheit der Einwirkungsstrecke her auch aus der Meßgenauigkeit in der Regel Grenzen gesetzt sind.

Das rechte Maß der Steuerungselastizität kann ohne konkrete Daten nicht bestimmt werden. Es wäre allgemein lediglich zu fordern, die Steuerungselastizität so auszurichten, daß die von ihr zu steuernden Veränderungen der Einwirkungsstrecke bewältigt werden. Sie sollte ebenfalls so ausgerichtet sein, daß sie die normale Änderungshäufigkeit und Änderungsgröße des Sollwertes berücksichtigen kann. Über diese Anforderungen sollte sie aber in der Regel nicht hinausgehen. Denn die Informationsmenge steigt proportional der Vergrößerung der Steuerungselastizität, und mit ihr steigen auch die Kosten der Informationsverarbeitung.

Für die Organisation der Informationsverarbeitung ergibt sich aus den erörterten Steuerungs- und Meßbedingungen der Einwirkungsstrecke noch eine weitere Konsequenz. Die erforderliche Bestimmtheit muß in einer Einwirkungsstrecke nicht an jedem Punkt gleich sein. Stellt man sich z. B. eine relativ lange Fertigungsstrecke vor, so läßt sie sich in der Regel mit der Meß- oder Unterrichtungsinformation über die Kosten allein nicht mehr befriedigend steuern. Die Steuerungsinformationen müssen spezifizierter gegeben werden, d. h. also mit größerer Bestimmtheit. Dabei ist aber dann eine Lohnstunde der Werkstatt A nicht mehr so ohne weiteres gleichzusetzen

[29] Vgl. auch *Angermann, A.*, Kybernetik und betriebliche Führungslehre, in BF u. P, 11. Jahrgang, Mai 1954, S. 263 f.

der einer Werkstatt B, und in dem Maße, in dem man von der Gesamtleistung zur Teilleistung spezifiziert oder von den Kosten zur Kosteneinflußgröße, in dem Maße werden auch die Bedingungen für die Regelung der einzelnen Strecken der Einwirkungsstrecke unterschiedlich; und damit ergeben sich aus einer unterschiedlichen „erforderlichen Bestimmtheit" heraus unterschiedliche Periodizitäten und Bestimmtheiten.
Für die Organisation der Informationsbearbeitung eröffnen sich zwei grundsätzliche Wege, um das Bestimmtheitsproblem zu lösen: entweder es werden innerhalb der Einwirkungsstrecke mehrere Regelkreise gebildet, die dann untereinander durch Steuerungsanordnungen verbunden werden, oder es wird im gesamten Regelkreis die Bestimmtheit – und damit auch Periodizität und Genauigkeit – nach Maßgabe der größten Unbestimmtheit festgelegt.
Gerade diese Erscheinung ist typisch für die arbeitsteiligen Einwirkungsstrecken der industriellen Materialverarbeitung; und sie wirft die als Koordinations- und Planungsprobleme so außerordentlich im Vordergrund der Rationalisierungsanstrengungen stehende Steuerungsproblematik auf, die weiter unten noch näher behandelt werden wird.

B. Die Begrenzung der Aktualität

Informationen haben in einer Unternehmung nicht einen über die Zeit gleichbleibenden Nutzen für die Disposition. Ihr Nutzen bemißt sich sehr stark nach dem Zeitpunkt, in dem sie zur Verfügung stehen und nach dem, in dem sie verwendet werden können [30].
Daß eine Information, die zu spät kommt, nicht mehr aktuell ist, weil sie sich auf die Disposition nicht mehr auswirken kann, ist ohne weiteres klar. Weniger selbstverständlich sind aber die Überlegungen, die sich an die eigentlich ebenso klare Erkenntnis knüpfen müßten, daß eine Information auch inaktuell sein kann, wenn sie zu früh kommt.
Jede Information hat also eine bestimmte Zeitspanne, innerhalb derer diese Information zur Disposition verwendet werden kann. Diese Zeitspanne richtet sich dann also offenbar zunächst nach dem Inhalt der Informationen. Sie wird weiter erläutert durch den Bezug auf die ins Auge gefaßte Disposition oder, anders formuliert, auf die Stelle, für die die Aktualität eintreten soll.
Daraus folgt, daß sowohl unterschiedliche Informationen als auch die gleiche Information für verschiedene Stellen unterschiedliche Zeiten der Aktualität

[30] Hier wird nur der Dispositionsnutzen der Information betrachtet, also der „Instrumentalcharakter" und nicht der „Dokumentarcharakter" im Sinne *Illetschkos. Illetschko, L. L.*, Automation und Betriebswirtschaft, Wien 1957, S. 77 ff

aufweisen werden. Der Kundenauftrag z. B. wird in der Verkaufsabteilung, in der Fertigung und im Versand zu ganz verschiedenen Zeitabschnitten aktuell. Ebenso haben die erwähnten Stellen für die bei ihnen durchfließenden Informationen verschiedene Zeitspannen der Aktualität.
Die Beurteilung der Aktualität kann also von zwei Bezugspunkten aus vorgenommen werden: erstens von der die Information empfangenden Stelle her, dann soll von der *Empfangsaktualität* gesprochen werden, und zweitens von der die Information gebenden Stelle, also von der Entstehung der Information her, dann soll von *Wirkaktualität* die Rede sein.

1. Die Empfangsaktualität der Informationsverarbeitungsstellen

Die Empfangsaktualität einer Verarbeitungsstelle gibt an, in welchem Zeitabschnitt – gesehen vom Verarbeitungszeitpunkt aus – eine Information für sie, d. h. für ihre Verarbeitung, aktuell ist. Die Empfangsaktualität ist also zeitlich begrenzt. Sie muß demnach eine vordere und eine hintere Begrenzung haben. Die hintere Grenze der Empfangsaktualität liegt dort, wo eine zu diesem Zeitpunkt eintreffende Information gerade noch mit berücksichtigt werden kann und wo die etwas später eintreffende Information nicht mehr zum Zuge kommt.
Etwas weniger einfach ist die Festlegung der vorderen Abgrenzung der Empfangsaktualität. Stellt man, was an und für sich durchaus vernünftig wäre, die Forderung auf, daß Dispositionen so spät wie möglich getroffen werden sollen, so fiele die gesamte Empfangsaktualität mit dem eben als hintere Grenze beschriebenen Zeitpunkt zusammen. Dem steht aber nun ex definitione Disposition entgegen, daß zur Disposition (also zum Entschluß) Wahlmöglichkeiten vorhanden sein müssen. Informationsverarbeitungstechnisch bedeutet das, daß an der disponierenden Stelle mehrere an und für sich gleicherweise in Frage kommende Informationen gespeichert sein müssen, aus denen dann eine oder mehrere ausgewählt werden.
Dieser Bestand an Informationen, der zur Disposition notwendig ist, soll kurz als *Manövriermasse* bezeichnet werden. Die vordere Begrenzung der Empfangsaktualität läge dann dort, wo die Information für die Manövriermasse gerade noch in Frage steht.
Wonach richtet sich nun aber der Umfang der Manövriermasse? Offenbar muß sich ihr Umfang nach der Leistungsmenge richten, die in einer Regelungsperiode durch die Einwirkungsstrecke erbracht wird. Die Informationsmenge ergäbe sich dann aus dem Informationsgehalt der Einwirkungsstrecke in einer Regelungsperiode; das würde aber noch nicht zur Disposition ausreichen, denn es sollte außer den Informationen, die im Regelkreis im Augenblick umlaufen, noch wenigstens der Informationsbestand einer bevorstehenden Periode vorhanden sein, um wählen zu können.

Je nach Größenordnung der Menge bzw. Impulsfolge der Periodizität wird sich dann der Umfang der Manövriermasse ändern, und zwar so, daß mit einem Kleinerwerden dieser beiden oder einer von ihnen die Manövriermasse ebenfalls kleiner werden wird.
Man könnte nun der Meinung sein, daß eine Manövriermasse so groß wie möglich sein sollte, um für jeden Dispositionsfall die größte Wahlmöglichkeit zuzulassen. Bei einer solchen Forderung sind aber zwei Schwierigkeiten zu bedenken: die Schwierigkeit der Bestandsverwaltung und die der Planänderungsmöglichkeit.
Ein empfindlich zu handhabender Informationsbestand, und das ist jeder mit vielen Terminen und Änderungen, Abgängen und Zugängen behafteter Informationsbestand, bedarf eines relativ hohen Aufwandes, um in Ordnung und funktionsfähig gehalten zu werden. Dieser Aufwand wird um so größer werden, je größer die Anzahl der Bewegungen des Bestandes und je größer die natürliche Ungeordnetheit des Bestandes werden. Beide Faktoren wachsen aber mit zunehmender Bestandsgröße. Das ist die eine Überlegung, die gegen eine zu starke Ausweitung der Empfangsaktualität spricht.
Die zweite Überlegung ist die des Änderungsdienstes. Selbst Mephisto gesteht, leicht geniert, dem Doktor Faust: „Das erste steht uns frei, beim zweiten sind wir Knechte[31]." Und auch die weit weniger dämonischen Betriebswirtschaftler können sich dieser wahrhaft diabolischen Konsequenz nicht entziehen: jede folgende Disposition muß sich nach den voraufgegangenen richten. Ändert sich dabei eine Voraussetzung, so müssen alle nachfolgenden Dispositionen entsprechend geändert werden.
An einen solchen leider notwendigen und unausweichlichen Änderungsdienst muß nun aber die Forderung gestellt werden, schnell und exakt zu arbeiten. Der aufgestellte Plan muß sich leicht abändern lassen. Diese Forderung wird um so eher erfüllt werden können und mit um so geringerem Aufwand, je weniger Informationen geändert werden müssen. Diese Beschränkung der zu ändernden Informationsanzahl kann grundsätzlich dadurch erreicht werden, daß man die einzelnen Pläne – in dieser Form findet man nämlich die vorher besprochene Manövriermasse gewöhnlich in der Praxis vor – sich nicht zu weit in die Zukunft ausdehnen läßt, also die Empfangsaktualität gering bemißt. Und weiter kann man dafür sorgen, daß disponierte Informationen nicht eher aus der Manövriermasse gegeben werden, als die empfangende Stelle sie benötigt. Denn je länger man die einzelnen Informationen in einem (möglichst zentralen) Bestand hält, desto leichter und schneller läßt sich ein Änderungsdienst durchführen, desto größer ist die Planänderungsmöglichkeit und, schließlich, desto weniger Fälle werden vor-

[31] *Goethe, Johann Wolfgang von:* Faust I. Teil, Goethes Werke, Band I, Verlag Knaur, Berlin o. J., S. 643.

kommen, die als Sonderfälle und nicht als organisierte Normalfälle die Informationsverarbeitung und die Einwirkungsstrecke durchlaufen müssen. Beide zuletzt aufgeführten Überlegungen sprechen also dafür, die Manövriermasse – und damit die Empfangsaktualität – möglichst kleinzuhalten. Hier ist aber nun eine Einschränkung zu machen.
Es gibt eine ganze Reihe von Einwirkungsstrecken, die einen sogenannten „Produktionsengpaß" aufweisen. Ein solcher Engpaß kann entweder dadurch charakterisiert sein, daß durch ihn die einzelnen Produkte nacheinander hindurchwandern müssen, oder er kann so charakterisiert sein, daß durch ihn eine bestimmte Anzahl von Produkten gleichzeitig hindurchgehen müssen, wie z. B. bei einer Endmontage [32]. In beiden Fällen kann es notwendig sein, die Planung der Fertigungstermine auf diesen Engpaß abzustellen. Dann wird aber die Empfangsaktualität der Engpaßstelle gleich der Anzahl der Perioden, die zur Vorfertigung erforderlich sind, und die Manövriermasse wächst entsprechend an.
In gleicher Weise wirkt sich die Engpaßplanung auf die Empfangsaktualität der dem Engpaß vorgelagerten Stellen aus: sie steigt vom Einwirkungsstrecken-Beginn bis zum Engpaß in dem Maße, als für die einzelnen Stellen zukünftige Perioden noch von der Manövriermasse des Engpasses erfaßt sind. Auf diese Erscheinung und ihre Auswirkung auf die Informationsmenge wird anschließend noch weiter eingegangen werden.

2. *Die Wirkaktualität der Information*

Wenn die Empfangsaktualität der Information angibt, wann diese Information zur Disposition verwendet werden kann, so müssen sich die oben angestellten, auf die empfangenen Stellen bezogenen Überlegungen entsprechend bei der Betrachtung der Wirkaktualität widerspiegeln. Denn offenbar kann eine entstehende Information noch nicht wirkaktuell, wirkaktuell oder nicht mehr wirkaktuell sein.
Betrachtet man unter diesem Blickwinkel z. B. die in den Relationsschemata enthaltenen Informationen, insbesondere die der Fertigungsvorschrift, so ergibt sich, daß die Spezifizierung eines Verkaufsauftrages nicht nur die Verarbeitungsvorgänge der einzelnen Fertigungspositionen spezifiziert, sondern – gewissermaßen stillschweigend – in gleicher Weise die Wirkaktualität dieser spezifizierten Informationen. Denn die zur Herstellung eines Produktes notwendigen Materialverarbeitungsakte können in der Regel – von Vorfertigungen einmal abgesehen – nur nacheinander vorgenommen werden. Die Fertigungsvorschrift ordnet ihre Informationen also nicht nur nach den für die Produktion notwendigen Verarbeitungsakten, sondern ordnet diese

[32] Vgl. *Wehr, H.*, a. a. O., S. 95.

gleichzeitig einem zeitlich ausgebreiteten Schema unter, das die Wirkaktualität der einzelnen Informationen nach Maßgabe der Verarbeitungsfolge bezeichnet.

Stellt man sich eine Einwirkungsstrecke vor, die aus mehreren hintereinanderliegenden Verarbeitungsstellen besteht und die an jeder Verarbeitungsstelle eine Periode benötigt, um zu fertigen, so würde die Weitergabe der spezifizierten Steuerungsinformationen an die Manövriermasse ohne eine Berücksichtigung der Wirkaktualität dieser Informationen dazu führen, daß z. B. die erste Verarbeitungsstelle 2, die zweite 3, die dritte 4 Informationen usw. in ihrem Dispositionsbestand speichern müßte. Das Schaubild gibt eine „Momentaufnahme“ für diese Entwicklung der Dispositionen wieder.

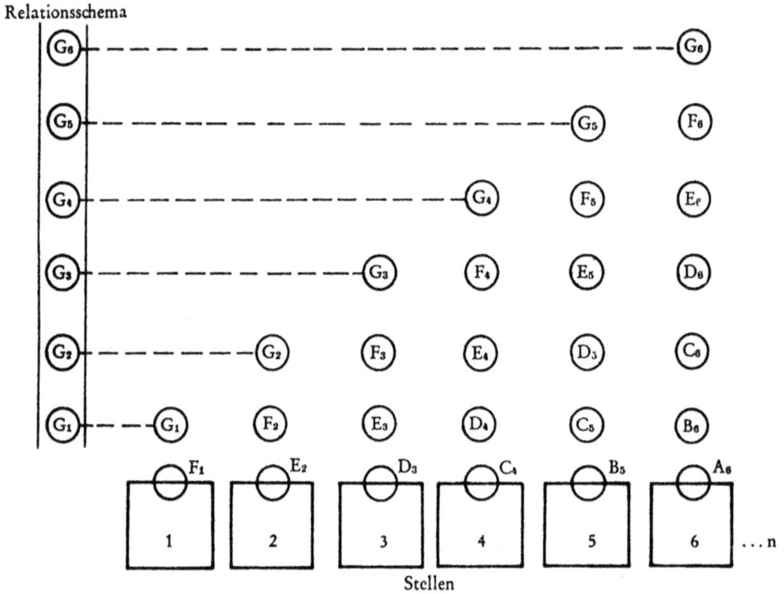

Abbildung 8

Eine solche Entwicklung kann aber kaum erwünscht sein, schon aus den im vorhergehenden Abschnitt erwähnten Gründen der Bestandsverwaltung und des Änderungsdienstes. Es erscheint sinnvoll und notwendig, hier die Wirkaktualität so zu berücksichtigen, wie es die Empfangsaktualität der betreffenden Stellen angibt. Beträgt die Empfangsaktualität z. B. drei Perioden,

so würden im Schaubild für die Stelle 3 die Steuerungsinformation G, für Stelle 4 die Steuerungsinformationen F und G usw. erst in einer kommenden Periode dem Bestand zugefügt werden.
Man ist dann zwar genötigt, die Spezifizierung der einzelnen Auftragsinformationen durch das Relationsschema Fertigungsvorschrift zu verschiedenen Zeiten durchzuführen und die restlose Spezifizierung entsprechend zu überwachen; dieser Nachteil dürfte aber durch die Erleichterung der Bestandsverwaltung und des Änderungsdienstes überkompensiert werden.
Diese „vordere" Begrenzung durch die Wirkaktualität der Information und die daraus folgende Bestimmung des Zeitpunktes, zu dem diese Information in die Verarbeitung gegeben werden soll, ist die eine Überlegung, die zur Organisation der Informationsverarbeitung anzustellen ist. Eine zweite – und in der Praxis gewöhnlich viel gewichtigere – Überlegung ist hinsichtlich der Kopplung von mehreren Wirkaktualitäten in einer Information durchzuführen.
Bisher wurde hier angenommen, daß jede Disposition in einer gesonderten Information organisiert ist. Das kann zwar, das muß aber nicht so sein, denn man kann auch mehrere Dispositionen in einer entsprechend umfangreicheren Information zusammenfassen, die dann mehrere Wirkaktualitäten – nämlich für jede in der Information enthaltene Disposition eine – in sich birgt. Dabei können diese gekoppelten Wirkaktualitäten sich überschneiden oder aber im Zeitschema nebeneinanderliegen. Während im zweiten Fall die Information für die einzelne Wirkaktualität den Charakter einer gesonderten Information hätte, wäre im ersten Fall – dem der Überschneidung der Wirkaktualitäten – zu prüfen, ob und wie die den einzelnen Wirkaktualitäten entsprechenden Empfangsstellen noch in der Lage sind, die Information ordnungsgemäß zu verarbeiten. Denn in diesem Fall wird die eine Information bisweilen an zwei Stellen gleichzeitig benötigt.
Die Auswirkungen, die sich aus dem Zusammenfassen mehrerer Wirkaktualitäten in einer Information für die Informationsverarbeitung ergeben, und auch die Grenzen, die sich dem Koppeln von Wirkaktualitäten entgegenstellen, lassen sich plastisch am Beispiel einer sehr umfangreichen Information mit sehr vielen Wirkaktualitäten darstellen.
Es sei angenommen, daß z. B. eine Auftragsinformation so organisiert ist, daß sie von vornherein alle Daten mit sich trägt. Eine Organisationsform, die gar nicht so selten ist, wie man z. B. aus manchen – nicht nur behördlichen – Formularen ersieht.
Zunächst wäre festzustellen, daß eine solche Information einen u. U. sehr großen Umfang annehmen würde. Aber rein technische Schwierigkeiten sollen fürs erste außer Ansatz bleiben; es wird unterstellt, daß zum Informationstransport sich auch der passende Informationsträger (schlimmstenfalls in der Blattgröße DIN A 0) findet.

Welche Daten können in eine solche Information von vornherein eingetragen werden? Das wären alle Angaben der Relationsschemata Stückliste und Fertigungsvorschrift, alle Versandvorschriften, Anweisungen für Rechnungslegung und Verbuchung.

Nicht sofort könnten aber die Angaben eingetragen werden, die zur unmittelbaren Disposition in der Fertigung, im Versand usw. notwendig sind, da diese Daten noch gar nicht zur Verfügung stehen, sondern sich erst zu einem späteren Zeitpunkt aus dem aktuellen Geschehen der verschiedenen Einwirkungsstrecken heraus ergeben. Nun könnte einer hieraus folgen, daß demnach jede Planung unmöglich sein müsse und daß, da sie es offenbar nicht ist, diese Behauptung falsch sei. Es muß, um diesem Einwand zu begegnen, noch etwas näher definiert werden: bei den Angaben, die nicht von vornherein zur Verfügung stehen, handelt es sich um Daten, die eine sehr große, meist eine absolute Bestimmtheit aufweisen. Es geht nämlich z. B. darum, ob Müller auf Maschine 1 oder Meier auf Maschine 3 eine bestimmte Bearbeitung vornehmen soll oder ob das Erzeugnis mit dem Eisenbahn-Waggon oder dem Lastwagen der Firma versandt werden soll. Diese zweifellos notwendigen Dispositionen können aber nur aus der aktuellen Kenntnis des Betriebszustandes heraus getroffen werden, und diese aktuelle Kenntnis (oder Information) steht im Augenblick der Ausfertigung der Superinformation noch gar nicht zur Verfügung.

Diese Feststellung besagt nun nichts anderes, als daß die Wirkaktualität in ihrer Bemessung abhängig ist von der Bestimmtheit der zugrunde liegenden Information. Sie zeigt weiter, daß die Kopplung von Wirkaktualitäten, die sich auf Informationen oder Informationsteile (= Daten) unterschiedlicher Bestimmtheit beziehen, kaum möglich ist.

Durchläuft nun diese Super-Information die Informationsverarbeitung der Einwirkungsstrecke, so können zwar die fehlenden Daten im Laufe der Zeit festgelegt und hinzugefügt werden; das wird aber nicht vonstatten gehen, ohne daß diese Information eine gewisse Zeit in einem oder mehreren Manövrierbeständen verbringen muß. Während dieser Zeit läge aber das Material, dessen Verarbeitung durch die Information gesteuert werden soll, ebenfalls fest. Die Bildung überflüssiger Zwischenläger ist aber höchst unerwünscht. Es wäre also zweckmäßig, die Information bereits während eines vorhergehenden Fertigungsaktes auch in der Manövriermasse der nächsten Stelle – z. B. des nächsten Regelkreises – zu haben.

Man kann jetzt natürlich einen Durchschlag anfertigen, und da man mit einer Kopie in der Regel nicht auskommt, gleich mehrere, so viele, wie gleichzeitig benötigt werden. Auf diesen Ausfertigungen der Super-Information trägt man dann alle Daten ein, die sich erst im Laufe der Bearbeitungszeit ergeben, vor allem die Meßergebnisse in der Materialbearbeitung, wie Ist-Verbrauch von Material, Lohnstunden, Fertigstellungszeitpunkt, Versandtermin.

Dann hat man aber nicht alle die Super-Information angehenden Daten auf einer, sondern auf mehreren Informationsträgern, und man benötigt bestimmte Informationen, z. B. über die Maschinenzeiten und Lohnstunden, bereits dann, wenn das Erzeugnis noch im Versand ist. Also schreibt man diese Daten noch ein zweites Mal auf einen anderen Informationsträger; und so führt sich das System der Super-Information und ihrer Kopien Schritt für Schritt ad absurdum.
Die Information muß offenbar geteilt werden, und zwar so, daß die in ihr gekoppelten Wirkaktualitäten keine Überschneidungen aufweisen, weder auf gleicher noch auf verschiedener Bestimmtheitsebene der Information. Es lassen sich dann drei Grenzen für die Bemessung und Kopplung von Wirkaktualitäten bezeichnen.
Erstens darf die Wirkaktualität einer Information nicht geringer bemessen sein, als es die Bestimmtheit ihrer Kern- und Merkmalsdaten zu Dispositionszwecken zuläßt. Diese Bemessung ergibt sich aus der oben ausgeführten unterschiedlichen Bestimmtheit, hier vielleicht klarer: unterschiedlichen Wahrscheinlichkeit der Planung im Zeitablauf. Daraus ergibt sich weiter, daß die Kopplung von Informationen unterschiedlicher Bestimmtheit und also auch verschiedener Wirkaktualität nicht zweckmäßig ist.
Zweitens muß die Kopplung von Wirkaktualitäten so begrenzt werden, daß ein Änderungsdienst in der Planung nicht mehr Aufwand erfordert als nötig ist. Die Laufstrecke der Information sollte also nicht zu viele Stellen umfassen. Denn Änderungsdienst setzt voraus, daß man die zu ändernde Information irgendwo zu fassen bekommt. Hat man aber z. B. die hypothetische Super-Information einmal auf den Weg geschickt, so muß man zunächst einmal suchen, wo sie sich im Augenblick befindet; das kann u. U. ziemlich zeitraubend sein.
Ist sie schließlich gefunden und geändert, so ist damit in der Regel noch nicht alles Notwendige getan. Die Änderung einer Disposition zieht für gewöhnlich Änderungen anderer Dispositionen nach sich, und so kann das Suchen nach den unterwegs befindlichen Informationen weitergehen.
Es ist noch eine weitere Erscheinung zu berücksichtigen. Je höher die Anzahl der gekoppelten Wirkaktualitäten ist, je länger also die Information „unterwegs“ ist, um so mehr Stellen müssen angesprochen werden, auch wenn die Änderung der Information für die von ihr gesteuerten Einwirkungsstrecken keinerlei Bedeutung hat, sondern nur deswegen erfolgt, weil sich auf dem Informationsträger auch die zu ändernden „Fremddaten“ befinden.
Eine Kopplung von zu vielen Wirkaktualitäten in einer Information, vor allem, wenn sie über mehrere Einwirkungsstrecken geht, erhöht also die Anzahl der Änderungen an den vorgelagerten Stellen jeweils um die Änderungsanzahl jeder weiteren angehängten Stelle.

Drittens sollte die Bemessung und Kopplung der Wirkaktualitäten in der Regel so gewählt werden, daß die Information *einer* Einwirkungsstrecke zugeordnet ist. Mehrere Regelkreise oder Einwirkungsstrecken sollten mit einer Information nur dann berührt werden, wenn bei Anweisungsinhalt sich die Wirkaktualitäten nicht überlappen oder wenn bei Tatsacheninhalt und gleicher Wirkaktualität für mehrere Stellen (z. B. Monatsstatistiken) die Verdichtung nach den verschiedenen Merkmalen so schnell geschehen kann, daß eine Verzögerung in der Periodizität des jeweiligen Regelkreises nicht auftritt.

3. Exkurs – Planungsaufgaben und Wirkaktualität

Aus den vorhergehenden Darlegungen ergibt sich für die Organisation der Planung und auch der Disposition eine Betrachtung, die hier nur angedeutet werden soll.

Ein nicht immer geringes Maß an Koordinierungsnotwendigkeiten und deren ganzer Aufwand rührt einfach daher, daß man sich über die Bemessung der Wirkaktualität von Informationen nicht klar ist und durch einen zu großen Informationsbestand an bestimmten Stellen Arbeiten provoziert, die nicht nur überflüssig sind, sondern auch (durch ihr bloßes Vorhandensein) Reibungen und dann Koordinationserfordernisse schaffen. Es spielt aber kaum eine Rolle, wo die im Augenblick nicht erforderlichen Informationen aufbewahrt werden, solange sie nur zur Verfügung stehen, wenn sie benötigt werden. Durch eine richtige Organisation der Informationsverarbeitung, zu der auch die Dimensionierung der Speicher und der Wirkaktualität gehört, muß verhindert werden, daß ein zu großer Informationsbestand disponierende Stellen auf der Ebene relativ großer Bestimmtheit dazu verleitet, auch Planungen größerer Unbestimmtheit vorzunehmen, also z. B. außer dem (vorgeschriebenen) Wochenplan auch noch einen Monats- oder Quartalsplan zu entwickeln, über den sich dann mit der eigentlich zuständigen Stelle trefflich streiten läßt.

Die sicherste Abhilfe dagegen ist, dieser Stelle gar nicht erst die Informationen zu geben, die sie zu solchen Unwirtschaftlichkeiten in die Lage setzt.

Eine der ältesten Organisationen, nämlich die militärische, weiß das und wendet die Erkenntnis auch an: dort verfügen kleinere Einheiten nur über Nachrichtenmittel geringer Reichweite. Sie *können* also gar nicht in die Lage kommen, außer den für sie wichtigen Überlegungen (nämlich ihres Frontabschnittes) auch noch gleiche Überlegungen für die gesamte Front anzustellen. Dadurch werden nicht so sehr Diskussionen als vor allem gutgemeinte Fehldispositionen verhindert.

C. *Steuerungsvorgänge und Informationsspeicherung*

Die Verbindung einzelner Regelkreise und einzelner Einwirkungsstrecken stellt an die Organisation der Informationsverarbeitung einige besondere Anforderungen. Diese Anforderungen ergeben sich erstens aus der bloßen informativen Verknüpfung der Einwirkungsstrecken und zweitens aus der Mengensteuerung der Leistungen in den Regelkreisen über die Sollwert-Beinflussung.

Zu der Verwendung des Begriffes Steuerung sei eine Vorbemerkung erlaubt. Zur Kennzeichnung der hier zu erörternden Probleme wird statt des aus dem Technischen kommenden Begriffes Steuerung auch der Begriff Koordination gebraucht, und unter diesem Begriff werden die Fragen der Sollwert-Abstimmung oft diskutiert und behandelt.

Es handelt sich aber nicht um eine Koordination, bei der es gilt, *selbständige* Leistungen auf ein Ziel hin zu vereinigen, sondern es ist die Leistung des einen Regelkreises (= Betriebsteils) *abhängig* von der des vorhergehenden und die des ersten schließlich vom Markt, so daß kein Regelkreis die Möglichkeit hat, selbständig, also ohne Vorgabe, eine Leistung sinnvoll zu erstellen. Das scheint nur der Fall zu sein, weil nicht alle Stellen gleichzeitig, sondern mit zeitlicher Verschiebung am gleichen Auftrag arbeiten.

Das alles ist dann aber keine Koordination, sondern eine Subordination, ganz einfach eben das, was der Begriff Steuerung ausdrückt, nämlich die Beeinflussung der Ausgangsgröße auf Grund einer vorgegebenen, bestimmten Gesetzmäßigkeit.

1. *Die Registerbildung zur Verbindung der Einwirkungsstrecken*

Der Steuerungsvorgang muß zunächst bei der Verbindung zweier Einwirkungsstrecken oder zweier Regelkreise die *Ausgangsinformationen* der einen Einwirkungsstrecke so umformen, daß die zweite Einwirkungsstrecke die für sie brauchbaren *Eingangs*informationen erhält. Dazu ist es erforderlich, für den folgenden Abschnitt der Einwirkungsstrecke nicht nur die Mengenangabe – also die Kerndaten der Information – weiterzuleiten und gegebenenfalls zu spezifizieren, sondern vor allem auch die Merkmalsdaten für diesen Abschnitt anzugeben. Denn die Disposition in den Einwirkungsstrecken z. B. einer Materialverarbeitung vollzieht sich für den einzelnen Abschnitt ja nur in seinen Teiloperationen, und die Teiloperationen der einzelnen Regelkreise unterscheiden sich gewöhnlich voneinander. Diese Spezifizierung der richtigen Merkmalsdaten und ihrer entsprechenden Kerndaten erfolgt über die Relationsschemata.

Zur Verbindung von Abschnitten der Einwirkungsstrecken ist also die Einrichtung besonderer Informationsspeicher notwendig, und zwar in diesem Fall die Einrichtung von Registern. Als Register bezeichnet man Informationsbestände, die so geordnet sind, daß sie auf einen Adreßaufruf hin eine Zuführung von neuen Merkmalsdaten zur Information vornehmen oder auch den Informationskern in festgelegter Weise umformen und aus dem umgeformten Kern und den neuen Merkmalsdaten eine oder mehrere neue Informationen anfertigen. Ihre Auswirkung erstreckt sich aber stets nur auf die reine Abgabe zusätzlicher Information, während andere Informationsbestände, wie z. B. ein Dispositionsbestand, durch Zuordnung der Akkordkarten zur Verarbeitungskapazität den Fertigungstermin ermitteln, oder ein Sammelbestand von Informationen über Kosten verdichtet wird.

Diese Register sind nun nicht zwingend dezentral zwischen den einzelnen Abschnitten der Einwirkungsstrecken angeordnet; es ist im Gegenteil gewöhnlich zweckmäßig und üblich, diese Vorgänge der Informationsverarbeitung an wenigen, möglichst an einer Stelle zu zentralisieren. Man muß sich nur immer darüber klar sein, daß sich in der zentralisierten Steuerungsstelle dann mehrere zeitlich hintereinandergeordnete Spezifizierungsverarbeitungen abspielen, also in bezug auf einen Fertigungsauftrag die Einwirkungsstrecken nacheinander in Tätigkeit treten, wie schon bei der Erörterung der Wirkaktualität hervorgehoben wurde.

Der Standort der Register und ihre Anzahl und Anordnung zwischen den Abschnitten der Einwirkungsstrecken ist nun weitgehend ein Problem des Informations-Transportes und damit der Informationstechnik. Denn für die Bestimmung der Wirkaktualität für Steuerungsinformationen gilt ja unter anderem, daß eine besondere Sparsamkeit in ihrer Bemessung bei Steuerungs-Ausgangs-Informationen, wie Materialentnahmescheinen, Akkordscheinen, Arbeitsanweisungen mit Terminen usw., angebracht ist. Es ist nicht immer zweckmäßig, diese sehr bestimmten Steuerungsinformationen für den gesamten Herstellungsprozeß frühzeitig anzufertigen und einzuplanen; denn durch zu frühes Schreiben der Arbeits-Termin-Karten z. B. entzieht man die Informationen der einfachen Änderungsmöglichkeit und organisiert sich selbst eine vielfach störende Starrheit in die Steuerung hinein.

Wollte man diese Nachteile vermeiden und gleichzeitig mit einem Minimum an IE in den einzelnen Stellen auskommen, so müßte die Informationsverarbeitung so organisiert sein, daß der Verarbeitungs- und Kommunikationsweg für eine Einwirkungsstrecke oder einen Regelkreis grundsätzlich zwischen zwei Registern angeordnet wäre, wobei diese Register natürlich auch Teile eines zentralen großen Registers sein könnten. Es erhebt sich dann die Frage, wie sich eine solche Organisation der Informationsverarbeitung in ihrer Verarbeitungs- und Kommunikationsgeschwindigkeit verhielte.

Zweifellos müßte vor und nach der Verarbeitung ein Registerarbeitsgang eingeschaltet werden. Das bedeutet zunächst einen gewissen Zeitverlust. Außerdem müßte die Information vom Register zum Empfänger und vom letzten Empfänger der Einwirkungsstrecke wieder zum Register transportiert werden, was unter Umständen ebenfalls zusätzliche Transportwege und Transportzeit bedeutete.

Um den Transport nun einfach und unkompliziert zu gestalten und die Transportzeit geringzuhalten, dehnt man die Wirkaktualität der Information über mehrere Abschnitte der Einwirkungsstrecke aus und schafft so bewußt Informationen, die, gesehen auf die einzelnen Streckenabschnitte, überbestimmt sind, also mehr IE als für den einzelnen Streckenabschnitt erforderlich enthalten.

Es zeigt sich hier ein Gegensatz in der Wirkung auf die Informationsverarbeitung. Will man Überbestimmtheit und vergleichsweise größeren und schwierigeren Änderungsdienst vermeiden, muß man u. U. höhere Transportzeiten in Kauf nehmen. Will man schnellsten Informationsdurchlauf, wird die Verarbeitung aufwendiger.

Die Schwierigkeiten liegen allein im Transport der Information; gelingt es, die Transportwege genügend schnell zu machen, dann verschwindet der erwähnte Gegensatz, und es läßt sich ein schneller und in der Verarbeitung sparsamer Informationsdurchlauf erzielen. Die Lösung der Transportfrage hängt aber von den ganz konkreten Bedingungen der Einwirkungsstrecke und der konkreten Nachrichtentechnik ab.

2. *Die Bildung von Zwischenspeichern zur Sollwert-Steuerung der Regelkreise*

Zusammen mit den Merkmalsdaten werden durch die Steuerungsvorgänge die Kerndaten, die Information über die Leistungs*menge*, den Einwirkungsstrecken zugeleitet. Die Menge ist es, die den Sollwert verändert, und ihrer Verarbeitung kommt besondere Aufmerksamkeit zu.

Vergegenwärtigt man sich noch einmal, welche grundsätzlichen Steuerungsimpulse eine Einwirkungsstrecke in einer industriellen Unternehmung beeinflussen, so findet man einen horizontalen Impuls, der angibt, was und wieviel zu leisten ist, damit die Arbeit der hintereinanderliegenden Einwirkungsstrecken wirtschaftlich aufeinander abgestimmt ist, und einen vertikalen, der zum Ziel hat, das Verlangte möglichst kostengünstig zu leisten.

Dieser vertikale Regelungszweck stellt sich für die kurzfristige Disposition so dar, daß neben der Beachtung anderer Randbedingungen – z. B. der von Fertigungsterminen – vor allem erreicht werden soll, daß die von dem geregelten Abschnitt der Einwirkungsstrecke geforderte Leistung auf die vorhandene Kapazität so verteilt wird, daß möglichst keine leeren Stellen in der Kapazitätsbelastung auftreten.

Informationsverarbeitungstechnisch besteht die Planung und Disposition in den aufeinanderfolgenden Regelkreisen einer Einwirkungsstrecke demnach darin, die in verschiedene Leistungsmengen spezifizierte Auftragsmenge unter jeweils anderen Merkmalsdaten (Gießen, Fräsen, Bohren usw.) den entsprechenden Kapazitätsbeständen zuzuordnen, wobei bestimmte Randbedingungen für die Reihenfolge der Zuordnung zu beachten sind.

Es findet somit ein ständiges Sortieren und Zuordnen der jeweils anders spezifizierten Informationen statt. Da gewöhnlich nicht zu erwarten ist, daß die einzelnen Vorgänge in der Materialverarbeitung stets die gleiche Fertigungszeit beanspruchen, also im ungünstigen Falle jeder Regelkreis eine andere Periodizität aufweisen kann, muß die Kette der Steuerungsvorgänge die auftretenden Periodizitäts-Unterschiede auffangen und ausgleichen. Nur das Fließband macht hier eine Ausnahme, und gerade diese seine Eigenschaft, daß alle beteiligten Stellen gleiche Trägheit und daher gleiche Periodizität haben, sich in ihrer Leistungsabgabe also leicht aufeinander abstimmen oder, richtiger ausgedrückt, durch das Fördermittel eine Leistungsangleichung aufgezwungen erhalten, bringt ihm die bekannten Kostenvorteile. Denn von der Informationsverarbeitung her gesehen hebt sich die Fließbandsteuerung von allen anderen Steuerungsverfahren dadurch ab, daß alle zu steuernden Stellen gleiche Periodizität haben und daß diese Gleichheit *erzwungen* wird.

Bei anderer Fertigungsmethode in der Einwirkungsstrecke ist eine Gleichheit der Periodizität nicht immer zu erreichen, und von zwangsweiser Einhaltung der Impulsfolgen kann schon gar nicht gesprochen werden. Sind aber unterschiedliche Periodizitäten in einer Steuerungskette zu verbinden und ist auch (das ebenfalls im Gegensatz zum Fließband) die Leistung der einzelnen Einwirkungsstrecken je Zeiteinheit sowohl im Vergleich mit anderen als auch im eigenen Zeitvergleich unterschiedlich, da ja bei unterschiedlicher Vorgabemenge die Periodizität auch von dort her beeinflußt werden kann, so muß der verbindende Steuerungsvorgang über eine gewisse Anzahl dispositionsfähiger Informationen verfügen, um durch ihren Einsatz die unterschiedliche Impulsabgabe zu bewältigen.

Das bedeutet aber nichts anderes als eine Bestandsbildung von Informationen, die je nach Konstruktion der Einwirkungsstrecke und nach der Periodizität ihrer einzelnen Abschnitte unterschiedlich groß sein kann.

Diese Bestände – oder Manövriermassen, wie sie bei der Erörterung der Aktualität bezeichnet würden – können in den einzelnen folgenden Regelkreisen (z. B. Meisterbüros) oder im Steuerungsvorgang (z. B. Arbeitsvorbereitung) gespeichert werden. Für die Zusammenziehung der Bestände im

Steuerungsvorgang sprechen nun neben anderen Überlegungen hauptsächlich zwei Gründe.

Der eine ergibt sich aus der unterschiedlichen Aufteilung der Auftragsmenge M in die Teilmengen M_1, M_2, M_3, ... M_n. Unterschiedliche Periodizität bedeutet innerhalb einer Einwirkungsstrecke ja auch unterschiedliche Mengenausbringung je Zeiteinheit. In der Gesamtkonstruktion einer Einwirkungsstrecke gleicht man die Kapazitäten nun gewöhnlich dadurch in etwa aufeinander ab, daß man für den zeitaufwendigeren Abschnitt entsprechend mehr Maschinen aufstellt, so daß sich (gesehen auf die gesamte Einwirkungsstrecke) eine einigermaßen gleiche Leistungsabgabe je Zeiteinheit ergibt.

Der Steuerungsvorgang muß also nicht nur die unterschiedlichen Periodizitäten ausgleichen, sondern auch die Unterschiede in der Informationsanzahl, die sich aus der ursprünglichen Losgröße und ihrer Bewältigung bei verschiedener Leistung pro Zeiteinheit ergeben. Während im ersten Regelkreis *eine* Stelle die entsprechende Steuerungsinformation erhalten muß, sind es im zweiten vielleicht 3 Stellen, danach 5, dann wieder eine Stelle.

Die hierzu notwendige Anzahl von Informationen ist aber nicht immer und in allen Fällen gleich; sie wird häufig von der aktuellen Situation in der Einwirkungsstrecke mitbestimmt und verändert. Wenn nun bereits oben als zweckmäßig gefordert wird, Steuerungsinformationen nicht zu frühzeitig anzufertigen und diese Informationen ohnehin im Steuerungsvorgang (Arbeitsvorbereitung) und nicht in den einzelnen Regelkreisen (Meisterbüros) spezifiziert werden, so sollte man vernünftigerweise durch Anlage der Bestände im Steuerungsvorgang die Informationsverarbeitung in die Lage versetzen, diese Änderungen gleich von vornherein mit zu berücksichtigen.

Man kann natürlich die Anzahl der Informationen so bemessen, daß man für *alle* Stellen so viel gleiche Informationen vorsieht, wie maximal an *einer* Stelle benötigt werden, also die Auftragsmenge so weit aufteilen, wie es für die Stelle mit der größten Empfängerzahl nötig ist. Hierin liegt aber eine gewisse Gefahr: einmal ist nicht gesagt, daß sich dann die Teilaufträge in den anderen Stellen reibungslos verteilen lassen, und zum anderen wird ein solches Verfahren durch die bloße höhere Anzahl von Informationen, die bearbeitet werden müssen, unwirtschaftlicher. Besser scheint dann zu sein, innerhalb jedes Steuerungsvorganges auch die Anzahl der Informationen so zu variieren, wie es Empfängeranzahl und Leistungssteuerung erfordern.

Der zweite Grund ergibt sich aus der Frage nach der Vollzugsfähigkeit der Informationen. Eine Steuerungsinformation ist dann vollzugsfähig, wenn auf ihre Weitergabe hin etwas geschehen kann, wenn also alle Vorbedingungen für die zu steuernde Aktion gegeben sind. Es hat z. B. keinen Sinn, die

Anweisung „Auto rot lackieren“ zu geben, wenn das Auto noch nicht vorhanden ist, das rot lackiert werden soll.

Die Feststellung der Vollzugsfähigkeit einer Information ist nicht ein äquivalenter, sondern ein untergeordneter Begriff der Wirkaktualität. Eine Information kann durchaus bereits wirkaktuell sein, d. h. sich auf die Planung und Disposition auswirken, wenn sie noch nicht vollzugsfähig ist, weil z. B. das zur Durchführung des in ihr angeordneten Verarbeitungsaktes notwendige Material noch in einer Vorfertigung steckt. Vollzugsfähig wird sie aber erst zu dem Zeitpunkt, in dem dieses Material für den nächsten Fertigungsgang zur Verfügung steht. Es muß also eine Information, in diesem Fall eine Unterrichtungsinformation der vorgelagerten Einwirkungsstrecke, zum Dispositionsbestand gelangen, die dann die wirkaktuelle Steuerungsinformation mit dem Merkmal der Vollzugsfähigkeit versieht.

Diesen Kommunikationsweg legt man aber aus leicht einzusehenden Gründen zweckmäßig vertikal und ordnet also die Dispositionsbestände in den Steuerungsvorgang ein.

Es gibt außer den bereits aufgeführten noch zwei weitere wesentliche Funktionen der Steuerungsvorgänge. Sie haben die sich in der Regel vom Markt her ergebenden Diskontinuitäten im Auftragseingang aufzufangen und in den Einwirkungsstrecken angemessene Impulsfolgen zu verwandeln. Auch das kann nur durch Einrichtung eines Sammelbeckens für (Auftrags-)Informationen geschehen. Dieser Bestand kann so gehandhabt werden, daß der Auftragsbestand sowohl positive als auch negative Mengen aufweisen kann; d. h., man bedient sich zur Erzielung optimaler Fertigungsmengen der Möglichkeit, auf Lager zu produzieren, und wartet dann ab, bis die Marktanforderungen eine neue Produktion erfordern. Diese Methode einer Produktionssteuerung ist recht häufig. Sie wird nur um so riskanter, je größer das Ausgleichsvolumen wird und je stärker und/oder schneller der Sollwert schwanken kann. In dem Maße, in dem letzteres eintritt, muß die Steuerung genauer werden. Dabei wird entsprechend der Korrelation von Bestimmtheit und Periodizität sowohl die Periodizität größer als auch die auf einmal disponierte Leistungsmenge kleiner und also die Anzahl notwendiger Informationen höher.

Diskontinuitäten können auch von innen her, aus der Einwirkungsstrecke heraus, auftreten. Sie werden dann Störgrößen genannt. Bis zu einem gewissen Ausmaß wird der Regelkreis selbst mit ihnen fertig. Darüber hinaus zeigen sich aber in der Leistungsabgabe je Periode Abweichungen vom Soll, die dem folgenden Steuerungsvorgang mitgeteilt werden. Auf eine solche Abweichung müssen jetzt nicht nur der nachgeschaltete Teil der Einwirkungsstrecke, sondern in der Regel auch die vorgeschalteten Stellen der Einwirkungsstrecke umgesteuert werden. Die Informationsverarbeitung muß also einen Planänderungsdienst einrichten. Der kann nur dann schnell und wirksam arbeiten, wenn die zu ändernden Informationen greifbar sind. Das ist ein weiterer Grund dafür, diese Informationen so lange wie möglich zentral zu speichern.

3. Steuerung entlang und Steuerung entgegen der Herstellungsrichtung

Eine wesentliche Rolle für die Dimension der Informationsverarbeitung spielt es, wie der Steuerungszusammenhang der Einwirkungsstrecke konstruiert ist. Es wurde schon erwähnt, daß über die Bildung von Lagern, diesmal also *Materialbeständen,* die Informationsverarbeitung vereinfacht werden kann, im erwähnten Falle durch ein Fertiglager und eine geringere Anzahl von einzelnen Fertigungsaufträgen.

Eine Wirkung in gleicher Richtung hat auch die Aufteilung der Einwirkungsstrecke in einzelne Steuerungsabschnitte. *Eine* solche Aufteilungsmaßnahme ist in der Regel stets vorzufinden: die Beschaffungszeit für das Rohmaterial gehört, streng genommen, auch noch zur Herstellungszeit. Durch die Einrichtung des Rohmateriallagers teilt man diese Spanne ab, so daß sie vernachlässigt werden kann. Die Steuerung dieses Abschnittes erfolgt für eine abgetrennte, eigene Einwirkungsstrecke.

Verfügt man aber über ein genügend großes Fertiglager oder braucht man es einfach, um die Differenz zwischen der längeren Herstellungsdauer und der marktkonformen Lieferzeit zu überbrücken, so kann sich der Steuerungszusammenschluß der vertikalen Regelkreise umkehren, d. h., die Verarbeitungsstellen sind vom Fertiglager her rückwärts aneinander angeschlossen. Das hat auf die Informationsverarbeitung in der Regel eine erheblich vereinfachende Wirkung, denn es wirken alle vom Markt her verursachten Sollwertänderungen und Mengenänderungen sich nur noch – durch das Polster des Lagers – sehr gedämpft auf die Einwirkungsstrecken aus. Dadurch kann man aber größere Lose fertigen lassen, so daß die Periodizitäten geringer werden und also auch die Menge der Informationen abnimmt.

Darüber hinaus entsteht in der Informationsverarbeitung selbst eine Verminderung der Informationsmenge durch den organisationsbedingten Fortfall individueller Daten in der Fertigung, wie Kundennummer, Liefertermin, Sonderwünsche usw. Der Normierung der Erzeugnisse und der Herstellung in gewöhnlich größeren Serien bei einer vom Fertiglager anstatt direkt vom Auftragseingang gesteuerten Materialverarbeitung entspricht eine größere Datenidentität und eine stärkere Verdichtung der Informationen in der Informationsverarbeitung. Dadurch wird auch der Umfang der Informationen herabgesetzt.

Für die Informationsverarbeitung ergibt sich daraus, daß eine gegenläufig der Fertigungsrichtung gesteuerte Einwirkungsstrecke einfacher und wirtschaftlicher und mit weniger Informationen arbeitet. Eine solche Steuerungs-

richtung liegt immer dann vor, wenn am Endpunkt ein Lager, ein Bestand, vorgesehen ist und wenn das Objekt erst ab Lager konkretisiert wird, also, z. B. bei der Warenlieferung, für einen bestimmten Kunden gilt.
Hierbei kann es auch den Fall geben, daß ein solcher „Umkehrpunkt" der Steuerung irgendwo an geeigneter Stelle mitten in der Einwirkungsstrecke liegt.
Kurz ausgedrückt: Steuerung entlang der Herstellungsrichtung ist für die Informationsverarbeitung teurer als Steuerung entgegen der Herstellungsrichtung. Steuerung entlang der Herstellungsrichtung erfordert weniger Lagerkosten als Steuerung entgegen. Der eine Kosteneinfluß betrifft die Informationsverarbeitung, der andere die Einwirkungsstrecke.

D. Informationsspeicherung und Änderungsdienst

In den vorstehenden Abschnitten ist immer wieder auf den Änderungsdienst und den für ihn erforderlichen Aufwand hingewiesen worden. Dieser Änderungsdienst ist besonders wesentlich für Informationen, die in Registern enthalten sind, und für Informationen, die in Plänen – also Beständen zu Dispositionszwecken – zwischengespeichert sind.

1. Der Änderungsdienst an Registern und Plänen

Die spezielle Beschaffenheit des Registers wurde bereits auf Seite 61 f. beschrieben. Ein Register enthält z. B. das Verzeichnis der Kundenadressen, die Stücklisten, die Personaldaten der Belegschaftsmitglieder zur Lohnabrechnung, wie Lohnstundensatz, Abteilungsnummer, Steuerklasse, Versicherungsdaten usw.; alle diese im Register gespeicherten Informationen zeichnen sich dadurch aus, daß ihre Wirkaktualität „bis auf weiteres" unbegrenzt ist. Das heißt also, daß diese Informationen so lange auf die Einwirkungsstrecke, hier eine Informationsverarbeitung, einwirken sollen, bis sie auf ausdrückliche Nachricht hin – nämlich durch die Änderungsinformation – außer Wirkung gesetzt werden.
Die Wirkungsweise des Registers, den durchlaufenden Einzelinformationen ständig neue Informationen zuzuführen, macht einige Rücksichtnahme auf den Änderungsdienst bei der Organisation und Verteilung der Register und bei der Bemessung der Wirkaktualität und der zeitlichen Kennzeichnung der Information selbst erforderlich. Diese Rücksichtnahme ist notwendig, um den Änderungstermin in bezug auf die durchlaufenden Informationen korrekt einhalten zu können.
Die Änderungsimpulse, d. h. hier das Ungültig-Werden einer Registerinformation, sind dadurch gekennzeichnet, daß sie unvorhersehbar und gewöhn-

lich unregelmäßig anfallen. Es ist nun aber kaum möglich, diese Registeränderungen ohne weiteres entsprechend ihrem Anfall durchzuführen. Nimmt man als Beispiel die Registerinformation „Lohnstundensatz“, die sich infolge einer Lohnerhöhung ändert, so muß der Beginn der Wirksamkeit des neuen Lohnstundensatzes so festgelegt sein, daß er mit dem zeitlichen Merkmalsnetz der Lohnstundeninformationen – z. B. Monat, Woche, seltener: Tag – zusammenfällt.
Der Änderungsdienst muß also seine Termine so wählen, daß sie vom zeitlichen Merkmalsnetz der durchlaufenden Informationen erfaßt werden. Müssen Änderungen zu bestimmteren Terminen berücksichtigt werden können, als die Datierung der durchlaufenden Informationen es zuläßt, so muß diese Datierung bestimmter festgelegt werden.
Mit der Angleichung von Änderungs- und Informationsdatierung ist die Sicherung des Änderungstermins gewöhnlich noch nicht erledigt. Es ist weiter zu prüfen, ob eine Änderung durch einfaches Auswechseln der betreffenden Information erfolgen kann oder ob ein zeitweiliges Nebeneinanderstehen der „alten“ und der „neuen“ Registerinformation erforderlich ist. Das wird immer dann der Fall sein, wenn durchlaufende Informationen ein Register mehr als einmal – und zu verschiedenen Zeitpunkten – berühren. Dabei ist dann per Programm in irgendeiner Weise zu sichern, daß die in verschiedenen Durchlaufstrecken das Register berührenden Informationen aus dem Register die jeweils für sie gültige Angabe erhalten. Diesen Effekt erreicht man durch Kennzeichnung der Informationsart (lochkartentechnisch: Kartenart), der Rechnungsperiode oder anderer Merkmale. Die alte Information kann, wenn sie im Register nicht mehr benötigt wird, durch ein besonderes Programm gelöscht werden. Allerdings erfordert eine solche Organisation der Register vom Änderungsdienst große Aufmerksamkeit und Übersicht über die Informationsverarbeitung; sie ist daher häufig fehleranfällig.
Sind dagegen die Register nicht in irgendeiner Weise zentral, sondern dezentral entlang dem Arbeitsablauf angeordnet, so kann der Änderungsdienst durch einfachen Austausch der Informationen zu dem Zeitpunkt vorgenommen werden, in dem die letzte, noch nach alter Modalität zu behandelnde Information das Register passiert hat. Liegen jedoch die Zeitpunkte bei den einzelnen Registern genügend weit auseinander, so entsteht ein Bestand an Änderungsinformationen, der peinlich genau, und das bedeutet: mit großem Aufwand, überwacht und gesteuert werden muß.
Für den Änderungsdienst haben also beide Formen der Registeranordnung Vor- und Nachteile. Welche Registerverteilung man wählen wird, hängt außer den konkreten Bedingungen auch davon ab, ob man im Fehlerfall mehr Gewicht auf einwandfreie Änderung der Daten oder auf die terminliche Anpassung der Änderungen an den Ablauf der Informationsverarbei-

tung legt. Die dezentrale Registeranordnung erfüllt die letzte Forderung eher, die zentrale schützt vor Differenzen in den Daten – vor allem den identischen Daten – der einzelnen Register, da eine Änderung nur an einer Stelle erfolgen muß.

Während bei einem Änderungsdienst an Registern nur einzelne Informationen entweder hinzugefügt, ausgetauscht oder gelöscht werden, ist ein Änderungsdienst an Plänen gewöhnlich mit einer Wiederholung des Zuordnungsprogramms – also der Planung – verbunden, jedenfalls für den zeitlich hinter der zu ändernden Information liegenden Informationsbestand. Hier hängt die Möglichkeit der Änderung wesentlich davon ab, daß die Information sich noch in veränderbarem Zustand befinden und vom Änderungsdienst ohne besonderen Aufwand angesprochen werden kann. Wie bereits erwähnt, wird die Änderungsmöglichkeit durch zu frühes Weitergeben (bzw. Schreiben) von Arbeits-Termin-Karten usw. beschränkt.

Aus Gründen der terminlichen Zusammenhänge der einzelnen Dispositionsbestände ist es gewöhnlich ratsam, sie nicht dezentral, sondern zusammengefaßt und zentral anzuordnen. Dadurch wird die Änderung vorgelagerter Teilpläne erleichtert und beschleunigt.

2. *Informationsumfang, Registerbildung und Änderungsdienst*

Der Umfang der Informationen wird bestimmt durch die Datenmenge der „erforderlichen Bestimmtheit“ und durch die Festlegung der Wirkaktualität.

Innerhalb des von dort her bestimmten Umfangs ist nun das Bestreben kennzeichnend für die betriebswirtschaftliche Information, mit möglichst wenig Daten und möglichst geringer Stellenzahl auszukommen. Infolgedessen läßt man alle die Informationsbestandteile weg, die nicht unbedingt jedesmal mit angegeben werden müssen. Bei den weggelassenen Daten kann es sich einmal um Angaben handeln, die der Empfänger der Information nicht benötigt; zum anderen können es Daten sein, die beim Empfänger zur Ergänzung der Information grundsätzlich gespeichert sind. Drittens kann die Zwischenschaltung von Registern die von den Informationen mitgeführte Datenzahl vermindern. Es fragt sich nur, wie weitgehend das geschehen kann.

Der Umfang des Änderungsdienstes bei Registern hängt von der Aufteilung der notwendigen Daten auf Registerspeicherung und durchlaufende Information ab. Je größer der Umfang der in Registern gespeicherten Informationen (und somit: je kleiner der der durchlaufenden Informationen) ist, desto größer wird der Umfang des Änderungsdienstes. Sieht man nun auf die Gesamtmenge der Informationen, die in einer Unternehmung in einem bestimmten Zeitabschnitt durchlaufen, so wird diese Gesamtmenge = Anzahl x Umfang der Informationen um so geringer werden, je größer der

Anteil der in Registern gespeicherten und je geringer der der durchlaufenden Informationen an den nötigen Daten ist. Im Prinzip könnte man so weit gehen, alle diejenigen Angaben der Register-Information zuzuschlagen, die sich weniger häufig als bei jeder durchlaufenden typengleichen Information ändern. Das würde allerdings eine gewaltige Steigerung des Speicherbedarfes bedeuten, da jede Verringerung des Umfanges der durchlaufenden Information zusätzlichen Speicherplatz für die im Register gespeicherten Informationen erfordert. Mit zunehmender Speichermenge steigt aber auch die Unordnungstendenz eines Speichers, und außerdem beansprucht der erhöhte Speicherzugriff einen immer größeren Teil der Zeit, in der am Register überhaupt gearbeitet werden kann. Gleichzeitig wird der Änderungsdienst komplizierter. Die mengenmäßige Reduktion im Arbeitslauf der Informationsverarbeitung wird also erkauft mit einer Vergrößerung des Speicherbedarfs und einer Erschwerung der Speicherführung, des Änderungsdienstes und der Speicherdurchlaufprogramme. Dort, wo Speicherordnung und Änderungsdienst auf Grund des eigenen Programmzeitbedarfs nicht mehr in der Lage sind, dem Speicherzugriff die für ihn erforderliche Zugriffszeitspanne zu bieten, liegt spätestens die Grenze für die Entlastung der durchlaufenden Information.

Dieser Punkt ergibt sich gewöhnlich in der Praxis sehr schnell und deutlich; er läßt sich seiner komplexen ursächlichen Faktoren wegen aber kaum theoretisch definieren.

In bestimmten Grenzen kann man also die Gesamtmenge der Informationen in einer Unternehmung dadurch verringern, daß der Umfang der durchlaufenden Informationen durch Bildung von Registern verringert wird. Der neu entstehende Änderungsdienst für die Register-Informationen umfaßt gewöhnlich weniger Informationsmenge, als bei den durchlaufenden Informationen – gesehen auf die gesamte Strecke der Informationsverarbeitung – eingespart werden. Er ist aber terminlich schwieriger zu handhaben und setzt daher eine relativ große Bestimmtheit und Schematisierbarkeit der zugrundeliegenden Informationsverarbeitungsstrecke voraus. Für wechselhafte, starken Änderungen unterworfene Verarbeitungen ist eine derartige Organisation nicht zu empfehlen.

Aus der Erörterung ergibt sich, unabhängig von dem Ausmaß, in dem von der Einrichtung von Registern Gebrauch gemacht wird, folgendes Prinzip der Organisation der Informationsverarbeitung: die horizontal von Register zu Register, von Bestand zu Bestand fließenden Informationen werden durch einen höherliegenden parallelen Fluß von Änderungsinformationen mittelbar gesteuert.

Über jeder Informationsverarbeitung läßt sich grundsätzlich ein solcher schließlich auch das Programm umfassender Änderungsdienstfluß vorstellen.

IV. GRUNDZÜGE FÜR DIE LEISTUNGS- UND KOSTENBETRACHTUNG DER INFORMATIONSVERARBEITUNG

Nach der Analyse der Elemente der Informationsverarbeitung und nach der Erörterung der grundlegenden Einflüsse und Bedingungen für deren Organisation stellt sich notwendig die Frage, wie die *optimale* Gestaltung der Informationsverarbeitung zu ermitteln sei. Da optimal hier heißt, daß die Einwirkungsstrecke und ihre steuernde Informationsverarbeitung gemeinsam den besten Wirtschaftlichkeitsgrad aufweisen sollen, so muß zur Beantwortung der Frage auf das tertium comparationis der Kosten zurückgegriffen werden.

Es liegt nahe, zur Feststellung der Kosten der Informationsverarbeitung sich der vorher erörterten Gesetzmäßigkeiten zu bedienen und aus ihnen ein Modell zu bilden, mit dem sich die gewünschten Rechnungen annähernd richtig durchführen lassen.

A. Leistung und Kosten der Informationsverarbeitung für eine Einwirkungsstrecke

Die Gesamtkosten für die Informationsverarbeitung einer beliebigen Einwirkungsstrecke lassen sich in der Regel unschwer ermitteln. Ebenfalls in der Regel ist es aber nicht so ohne weiteres möglich, die durch Aufwendung dieser Kosten entstehende Leistung[33] zu definieren, um zu Stückkosten je Information zu kommen. Ursache für diese Schwierigkeit ist die Verschiedenheit der Informationen.

Betrachtet man das Ergebnis der Informationsverarbeitung, nämlich die Informationen, aber einmal als durch Datenverarbeitungsmaschinen angefertigt, so löst sich die unterschiedliche Schwierigkeit der Informationsver-

[33] Es handelt sich hier um Erstellungsleistungen im Sinne *Bestes*. Vgl. *Beste, Th.*, Was ist Leistung in der Betriebswirtschaftslehre? ZfHF. 1944, S. 9.

arbeitung in die quantitativen Größen Speicherplatz und Programmlänge auf.
Um zu einem Ausgangspunkt für die Kosten der Informationsverarbeitung zu kommen, soll eine vereinfachende Annahme getroffen werden: es wird unterstellt, daß die Programmlänge, die zur Verarbeitung der einzelnen Informationen notwendig ist, zunächst keine Unterschiede im Kostenverbrauch hervorruft. Statt dessen wird angenommen, daß die Programmlänge hinreichend identisch ist mit der Anzahl von Empfängern, die eine Information auf ihrem Laufweg hat.
Der Faktor Information wird somit ergänzt um die Angabe seines Laufweges. Aus dieser Hypothese und aus dem, was weiter oben über die Anzahl der Informationen gesagt wurde, ergibt sich die prinzipielle Mengenformel.

1. Die Grundformel der Informationsverarbeitungskosten

Wie schon erwähnt, läßt sich das für die Steuerung einer Einwirkungsstrecke nötige Volumen an Informationen durch die Multiplikation von Informationsgehalt und Häufigkeit beschreiben. Um zu einer exakten Quantität zu kommen, wurde als Informations-Einheit (IE) die mit 40 Zeichen ausgelochte Lochkarte festgelegt[34]. In der Größe IE lassen sich alle numerischen und verbalen Informationen erfassen.
Wenn zum Informationsgehalt aber auch Zeichnungen gehören, wird es nicht so leicht eine Maßeinheit geben, in der dieser Informationsgehalt quantitativ ausgedrückt werden kann. In großer Vereinfachung könnte man den Informationsgehalt einer Zeichnung einfach in qm benötigten Papieres ausdrücken; damit erhielte man wenigstens für Vervielfältigung und Transport eine Größe. Sie wäre aber – im Gegensatz zur IE – zu unbegründet und grob; es sollen daher die in Zeichnungen enthaltenen Informationen außerhalb der Betrachtungen dieser Arbeit bleiben, zumal die Mengen und Kosten der Bearbeitung von Zeichnungen leicht von denen anderer Informationen zu trennen und getrennt zu halten sind.
Die Häufigkeit der Informationsimpulse soll als Impuls-Anzahl in einem überschaubaren Zeitraum – wie z. B. einem Monat – ausgedrückt werden. Sie gibt wieder, wie oft eine gleiche Information für die Einwirkungsstrecke gegeben werden muß, wie hoch also, mit anderen Worten, die Periodizität der Einwirkungsstrecken ist.
Die Häufigkeitszahl ist von einer einwirkungsstrecken-internen und von zwei sollwertabhängigen, also einwirkungsstrecken-externen, Größen ab-

[34] Siehe S. 26 ff.

hängig. Die interne Größe ist die Kontrollspanne. Sie drückt aus, für einen wie langen Zeitraum maximal eine Information gegeben werden kann. Denkt man an das Beispiel der Produktion, so wäre hier zu fragen, ob ein Fertigungsauftrag in einer Information an die Materialverarbeitung gegeben werden kann, der die Leistung einer Stunde, eines Tages, einer Woche, eines Monats, eines Jahres ausmacht. Ohne weitere vorhandene Randbedingungen einzuführen, zeigt sich leicht, daß diese Kontrollspanne nicht beliebig groß sein kann. Sie wird im Gegenteil wohl relativ klein sein, in der Regel unterhalb einer Woche und oberhalb einer Stunde liegen.

Die Bemessung der Kontrollspanne hängt ab von der internen Veränderlichkeit der Leistung, von der Straffheit ihrer Kopplung mit den Leistungen anderer parallel- oder nachgeschalteter Einwirkungsstrecken, von der absoluten Höhe ihrer Leerkosten usw. Ohne auf diese spezielle Problematik hier näher eingehen zu wollen, kann jedenfalls gesagt werden, daß für diesen hier quantitativ noch unbestimmten Begriff der Kontrollspanne sich im konkreten Fall ein brauchbarer Wert schnell finden läßt.

Aus der Festlegung der Kontrollspanne erhält man die minimale Häufigkeitsziffer.

Zusätzlich sind Häufigkeiten aufzunehmen, die aus den vorgeschalteten Bereichen über die Sollwertänderung die Einwirkungsstrecke und ihre Informationsverarbeitung beeinflussen. Es ist hier zunächst die Artänderung, also der Wechsel der Produktion von der Herstellung des Gutes A auf das Gut B oder auch noch C, D, E usw., die einen neuen Impuls für die Abgabe von Informationen gibt.

Denn es ist ja in einem solchen Fall ein anderer Informationsgehalt, der in Form von Einzelinformationen weitergegeben wird. Als brauchbarer Wert soll hier diejenige Häufigkeitsziffer in die Rechnung einbezogen werden, die sich als Monatsdurchschnitt aus der Erfahrung heraus abschätzen läßt.

Natürlich erhält die gewünschte Aussage durch die Verwendung durchschnittlicher Werte eine gewisse Ungenauigkeit. Sie gewinnt hierdurch aber zweifellos an Praktikabilität, und diese scheint, wie bei jedem neu zu erarbeitenden Gebiet, zunächst wichtiger zu sein als absolute – und dann häufig nicht mehr realisierbare – Genauigkeit.

Es kommt bei der organisatorischen wie bei mancher anderen betriebswirtschaftlichen Betätigung nie so sehr auf die genaue als vielmehr auf die in der Tendenz richtige Lösung an. Für die Beurteilung dynamischer Vorgänge gibt es eben auch für den Betriebswirt so etwas wie eine Unschärferelation.

Es muß bei der Rechnung nur darauf geachtet werden, daß bei der Bildung des Produkts „Informationsgehalt × Häufigkeit“ die Artänderung nur bei

einem Faktor – es empfiehlt sich hierfür der Informationsgehalt – berücksichtigt wird.
Der zweite externe Einfluß auf die Häufigkeit geht von der Mengenänderung im Sollwert aus. Je stärker und in je kürzerer Zeit sich die geforderten Mengen ändern und je elastischer die Einwirkungsstrecke diesen Veränderungen folgen kann oder muß, desto höher wird die Häufigkeitsziffer auch bei gleichem Informationsgehalt.
Die Häufigkeitsziffer, die sich aus den Feststellungen oder Festlegungen bezüglich Kontrollspanne, Sortenwechsel und Mengenänderung ergibt, ist neben dem Informationsgehalt in IE der zweite Faktor der Formel.
Als dritter Faktor wird noch eine Größe über die Informations*verarbeitung* benötigt, nachdem die Informations*menge* im groben beschrieben ist. Hier wird die schon oben erwähnte Hypothese aufgestellt, daß das Maß an Verarbeitung durch die jeweilige Empfängeranzahl auf dem Laufweg der Information charakterisiert wird, wobei die jeweils bei den Empfängern anfallende „Programmlänge" zunächst als gleich angesehen wird.
Diese Annahme hat eine gewisse Berechtigung deswegen, weil die Eingabe- und Ausgabe-Zeiten bei der Informationsverarbeitung gegenüber dem eigentlichen Programm, jedenfalls für einfache betriebswirtschaftliche Vorgänge, gewöhnlich den zeitlichen Löwenanteil beanspruchen. Doch steht einer Erweiterung der Formel um die Programmlänge nichts im Wege, wenn man sie im konkreten Fall messen kann. Man erhält dann allerdings als Ergebnisdimension keine reine Mengenangabe (IE) mehr.
Die Formel über die Informationsmenge einer beliebigen Einwirkungsstrecke ergibt sich schließlich wie folgt:

Durchschnittlicher Informationsgehalt in IE
× Häufigkeit × Anzahl Empfänger = Menge IE
(alle Ziffern zeitraumbezogen, z. B. je Monat).

Ermittelt man nun für den gleichen Zeitraum die originären Kosten der Informationsverarbeitung (Gehälter, Löhne, Maschinenmieten bzw. -abschreibungen, Büro-Materialkosten, Raumkosten), wobei dem untersuchten Abschnitt der Informationsverarbeitung nicht direkt zurechenbare Gemeinkosten zweckmäßigerweise außer Betracht bleiben sollten, und dividiert diese Gesamtkosten durch die Menge IE, so erhält man die spezifischen IE-Kosten für das Informationsverarbeitungsverfahren und dessen Einwirkungsstrecken.

$$\frac{\text{Gesamtkosten DM}}{\text{Menge IE}} = \text{DM/IE}$$

Erweitert man den Mengenbegriff um die Einzelfaktoren, so erhält man die im weiteren als *Grundformel der Informationskosten* zu bezeichnende Formel

$$\frac{\text{Gesamtkosten DM}}{\varnothing \text{ Inf.-Gehalt} \times \text{Häufigkeit} \times \text{Anzahl Empfänger}} = \text{DM/IE.}$$

Sie ist die Ausgangsposition aller weiteren Untersuchungen.

Mit dieser Rechenregel lassen sich nun mehrere Probleme angreifen. Aus der Reihe möglicher Ansatzpunkte für die Anwendung der Grundformel der Informationsverarbeitung, die alle zu behandeln den Rahmen der Untersuchung sprengen würde, soll hier eine Frage herausgegriffen und behandelt werden. Es ist die Frage nach den zulässigen Informationsverarbeitungskosten für die Steuerung einer Einwirkungsstrecke, um die Änderung der „Verwaltungskosten" bei dieser oder jener Organisation der Einwirkungsstrecke frühzeitig abschätzen zu können. Ob die Einwirkungsstrecke dabei ein Produktionsverfahren und sein Steuerungsverfahren die Arbeitsvorbereitung ist oder ob es sich um einen Tarifvertrag und die Arbeit der Lohnabrechnung handelt, ist im Prinzip gleichgültig.

Weiter wäre zu überlegen, ob außer der Aussage über eine bestehende Informationsverarbeitung einer Einwirkungsstrecke es möglich sein könnte, für eine isolierte Einwirkungsstrecke, also z. B. eine im Planungsstadium, hinreichend Anhaltspunkte für die Dimensionierung und die Kosten ihrer Informationsverarbeitung zu finden. Damit erschlösse sich die Organisation der steuernden Informationsverarbeitung ebenfalls für die Planungsrechnungen.

2. Der allgemeine IE-Bedarf einer Einwirkungsstrecke

Der erste Schritt hierzu wäre die Festlegung des IE-Bedarfes einer beliebigen Einwirkungsstrecke. Es sei als das die allgemeinen Überlegungen begleitende Beispiel ein Produktionsverfahren der metallbearbeitenden Serienfertigung angenommen.

a) Die erste Festlegung, die zu erfolgen hat, betrifft die *organisatorische Gliederung der Einwirkungsstrecke*. Bei einer Fertigungsstrecke liegt in der Regel *ein* horizontaler Informationskreis immer vor. Fraglich ist die Anzahl der vertikalen Regelkreise, also der Unterteilung der Fertigungsstrecke in einzelne Gruppen, Werkstätten oder Fertigungsabteilungen. In dem Beispiel sollen es 3 Gruppen sein, in die die Einwirkungsstrecke sich unterteilt. Das ergibt dann folgendes Modellbild:

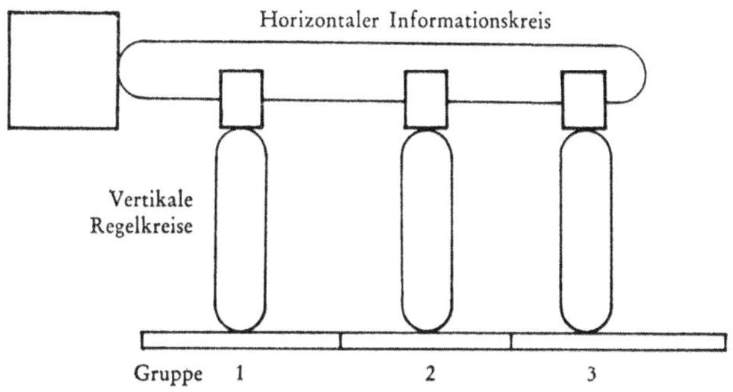

Abbildung 9

Mit dieser Festlegung ist zunächst eine Aussage darüber getroffen, wieviel Regelkreise miteinander abgestimmt werden müssen und wieviel Pufferbestände (Manövriermassen) für Informationen nötig sein werden. Gleichzeitig hat man damit gewöhnlich auch abgegrenzt, wie weit der Bereich der formlosen Kommunikation, der nicht schematisierten Informationsverarbeitung, zu ziehen ist. In dem Beispiel dürfte es sich auf die einzelnen Regelkreise beschränken.

b) Die nächste Festlegung betrifft eine verfahrensexterne Größe, den *Sortenumfang*, und die Größenordnung des in einem Zeitabschnitt – z. B. einem Monat – zu erwartenden *Sortenwechsels.* Wenn sich bei einer noch zu errichtenden Fertigungsanlage auch ein endgültiger Umfang der Sorten schon deswegen nicht übersehen läßt, weil es in einer fortschreitenden Technik und in einem sich ändernden Marktgeschehen ein „endgültiges" Sortenprogramm gar nicht gibt, so hat man doch stets eine für die ersten Jahre gewöhnlich zutreffende Vorstellung von dieser Größenordnung. Und das genügt auch zunächst.

In dem Beispiel sollen 10 Fabrikate hergestellt werden, und es soll ein monatlich 8-maliger Sortenwechsel angenommen werden. (Daß der monatliche Sortenwechsel auch höher als die Gesamtsortenzahl liegen kann, sei hier nur angemerkt.)

c) Neben dem Sortenwechsel ist noch die verfahrensexterne *Mengenänderung* zu berücksichtigen. Sie kann, aber muß nicht, im Sortenwechsel untergehen. Besonders die Weitergabe von Teilaufträgen ist für die IE-Menge bedeutsam, und es erscheint aus begrifflichen Gründen nicht ratsam, beides miteinander zu vermengen, wenn sich auch beide Einflußgrößen auf das eigentliche Ergebnis, die Häufigkeit, die in gewisser Weise der Zahl der Fertigungsaufträge entspricht, nicht unterscheidbar auswirken.

Im Beispiel soll angenommen werden, daß außer dem 8-maligen Sortenwechsel noch 6 Mengenänderungen hinzukommen.

d) Mit der Angabe der Sortenanzahl ergibt sich zugleich der am einfachsten und genauesten zu ermittelnde Faktor des *Informationsgehaltes*. Er ergibt sich aus der Anzahl artverschiedener Informationen, durch die die Einwirkungsstrecke gesteuert wird. Im Beispiel sind das die Informationen der Stücklisten und der Fertigungsvorschriften, zuzüglich derjenigen Datenmengen, die zur Weitergabe des Informationsgehaltes als z. B. Materialentnahmescheine oder Akkordzettel benötigt werden. Für das Beispiel sollen die in Tabelle 10 der nachfolgenden Seite aufgeführten Zahlen genommen werden.
Es ergeben sich 309 IE je Produkt im Durchschnitt, davon durchschnittlich 106 IE für Material und 203 IE für Arbeitsdispositionen, also für Akkordzettel. Bei einer Fertigung, die nicht nach dem Akkordsystem entlohnt und also auch disponiert, würde sich der Anteil der IE für Arbeitsdispositionen natürlich vermindern. Einen Ausgleich gäbe es aber im IE-Anfall der jetzt zu behandelnden Meßstellenanzahl.

Produkt	1	2	3	4	5	6	7	8	9	10	Ø
Verschiedene Teile lt. Stückliste	80	90	100	110	120	110	100	90	80	100	98
× Ø Zeichenanzahl je Teil (29)	2320	2610	2900	3190	3480	3190	2900	2610	2320	2900	
+ Datenzuschlag 50%	3480	3915	4350	4785	5220	4785	4350	3915	3480	4350	
= IE-Material	87	98	109	119	130	119	109	98	87	109	106
Einzeldispositionen lt. Fertigungsvorschrift	150	160	170	180	190	200	210	220	230	240	
× Ø Zeichen je Disposition (26)	3900	4160	4420	4680	4940	5200	5460	5720	5980	6240	
+ Datenzuschlag 60%	6240	6650	7070	7480	7900	8320	8730	9150	9560	9980	
= IE-Arbeitsdispositionen	156	166	177	187	197	208	218	228	239	249	203
Summe Informationsgehalt je Produkt in IE	243	264	286	306	327	327	327	326	326	358	309

Berechnung der Zeichenanzahl und der Datenzuschläge

a) Material:

Materialbezeichnung	16 Zeichen
Materialnummer	8 Zeichen
durchschn. Mengenstellen	5 Zeichen
	29 Zeichen
Auftragsnummer	8 Zeichen
Kostenstellennummer	6 Zeichen
Zuschlag in % = 50	14 Zeichen

b) Arbeitsdispositionen (Akkordscheine):

Arbeitsgang-Bezeichnung	16 Zeichen
Arbeitsgang-Nummer	6 Zeichen
Zeitvorgabe	4 Zeichen
	26 Zeichen

Zuschlag 14 Zeichen (wie oben), etwa gleich 60%.

e) Die *Anzahl der Meßstellen* und ihre Häufigkeit in der Einwirkungsstrecke ergibt sich vorzugsweise in den vertikalen Regelkreisen. Als Meßstelle gilt der Punkt in der Einwirkungstrecke, von dem aus die Unterrichtungsinformationen über das Funktionieren der Einwirkungsstrecke nach oben gegeben werden bzw. sich als organisierte Informationen erstmalig niederschlagen.
Im allgemeinen wird für diese Zwecke die Messung der Arbeitszeit verwendet, also die Akkordkarte oder der Stundenzettel bei nicht verakkordierten Tätigkeiten. Obwohl eigentlich Lohnuraufschreibung und Kontrolle des Fertigungsfortschrittes im Prinzip nichts miteinander zu tun haben, hat man in der Regel die Uraufschreibung so organisiert, daß beide Zwecke erreicht werden können. Der Vereinfachung der Meßtätigkeit steht dabei aber häufig der Nachteil gegenüber, daß die Periodizität der Meßimpulse – die Weitergabe der Unterrichtungsinformationen – sich nicht ganz so einrichten läßt, wie es vor allem die Fertigungskontrolle erforderte, weil die spezifischen Erfordernisse des anderen Zweckes nur hemmen.
Hat man das Akkordsystem, so wird die Zahl zusätzlicher IE aus dem Einwirkungsstreckenbereich relativ gering sein. In die Tabelle 10 wären nur die auf jeder Arbeitsdisposition einzusetzenden Daten der tatsächlichen Arbeitszeit und der Personal- oder Personalgruppennummer einzutragen, zu denen ein Zuschlag für Ersatzzeit-Informationen käme, der aus Erfahrungswerten genommen werden kann.
Beim Stundenzettelsystem ist festzustellen, wieviel Beschäftigte die Einwirkungsstrecke hat, die Stundenzettel ausfüllen. Da die Eintragung der

Stunden in der Regel nach Auftragsnummern erfolgen wird, ist außer der Zeichenanzahl je Information noch die Häufigkeit des Auftragwechsels je Mitarbeiter zu prüfen. Als Mindestgröße ist aber auch bei Fertigung großer Lose ein Informationsimpuls je Schicht anzunehmen. Diese Einteilung ergibt sich schon aus Gründen der Lohnabrechnung als zweckmäßig.
Im Beispiel ist ein Akkordsystem angenommen worden. Die Eintragung der Personalnummer (6 Zeichen), des Datums und der tatsächlich benötigten Arbeitszeit (8 Zeichen) ergäbe ohne Berücksichtigung eines Zuschlags für Ersatzzeit-Informationen bei einem Anwachsen der Zeichenzahl um im Durchschnitt 1624 Zeichen je Produkt ein Anwachsen der IE-Menge um rund 13% auf 244 IE für Arbeitsdispositionen und auf 350 IE Gesamtmenge je Produkt. Über diese Informationen hinaus sollen in der beispielhaften Einwirkungsstrecke keine besonderen Meßstellen angenommen werden.
f) Um die Grundformel erfüllen zu können, muß jetzt noch die *Empfängeranzahl* festgelegt werden. Sie hängt ab von dem Arbeitsablauf der Informationsverarbeitung.
Für das Beispiel sollen folgende Arbeitsabläufe – und also Empfängerstellen – gelten:

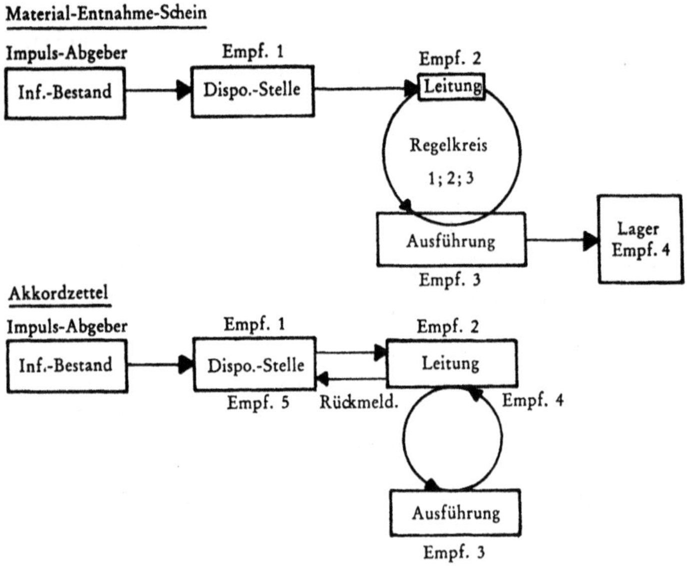

Abbildung 10

Die Empfängerzahl, zu der die erste, hier als „Impuls-Abgeber" gekennzeichnete Stelle noch hinzugezählt werden muß, beträgt für Materialinformationen danach 5, für Arbeitsdispositionen 6 Stellen.
Aus diesen Werten kann jetzt der festzulegende IE-Mengenbedarf je Monat einer Einwirkungsstrecke errechnet werden. Die Gesamt-IE-Menge ergibt sich aus

Teilgleichung für	Ø Informationsgehalt	× Häufigkeit	× Empfängeranzahl	= IE
1. Materialinformationen	106	(8 + 6) = 14	5	7 420
2. Arbeitsdispositionen	244	„ 14	6	20 496
Gesamtsumme:			IE	27 916

Falls angenommen werden kann, daß die Informationsverarbeitung für die Steuerung der Einwirkungsstrecke in etwa gleicher Menge täglich anfällt, so könnte man die voraussichtlichen Kosten durch Multiplikation des Ergebnisses 27 916 IE/Monat mit einem Erfahrungskostensatz veranschlagen.
Die Verarbeitungskapazität kann bei Gleichmäßigkeitsbedingung und 20 Arbeitstagen im Monat ebenfalls auf $\frac{27\,916}{20} = 1025$ IE/Tag ausgelegt werden. Bei Schwankungen im Arbeitsanfall müßte die Kapazität entsprechend höher geplant werden, was aber in den relativ groben praktischen Dimensionen kaum schwierig sein dürfte.

3. *Die Grundlage einer Berechnung von Leistung und Kosten der Informationsverarbeitung entsprechend ihrer organisatorischen Gestaltung*

Die beschriebene Ermittlung des IE-Bedarfes einer Einwirkungsstrecke sagt nun noch nichts darüber aus, welchen Einfluß auf die Kosten der Informationsverarbeitung die Wahl der Organisation für die Informationsverarbeitung hat. Ganz zweifellos kann man aber die Organisation, deren zu erbringende Leistung festgestellt wurde, mehr oder weniger wirtschaftlich konstruieren.
Eine annähernde Berechnung der Wirtschaftlichkeit verschiedener Organisationsgestaltungen kann sich zunächst nur auf die Leistungsgröße, also die IE-Menge, stützen. Die Kosten hängen von den eingesetzten oder einzusetzenden „Verarbeitungsfaktoren" ab, die wiederum von der gewählten Organisationsform und vor allem von der Art des Einsatzes von Menschen

und Mitteln in der gesamten Unternehmung bestimmt werden. Eine Aussage über die zu erwartenden Kosten ist daher nur im konkreten Fall zu empfehlen.

Immerhin kann aber unterstellt werden, daß wahrscheinlich diejenige Organisationsform den höchsten Wirtschaftlichkeitsgrad aufweisen wird, die eine von der Einwirkungstrecke geforderte Leistung mit der vergleichsweise geringsten IE-Menge je Zeitabschnitt erbringt. Es ist also die Organisationsform zu finden, bei der der Faktor „Empfängerzahl" der Grundformel möglichst klein ist, denn Informationsgehalt und Häufigkeit werden ja von der Einwirkungsstrecke determiniert.

Wird die eingangs der Leistungs- und Kostenbetrachtung getroffene vereinfachte Hypothese, daß die Anzahl der Empfänger den Verarbeitungsaufwand wiedergibt, hier aufgehoben, so kann in einer verfeinerten Betrachtung der Aufwand einer Organisation der Informationsverarbeitung in der *Belastung des Kommunikationsnetzes* und im *Verarbeitungsaufwand der Programme* dargestellt werden. Denn die Kosten – und auch die Leistung – einer Information entstehen und bestehen ausschließlich bei ihrer Verarbeitung oder ihrem Transport. Die Information selbst hat, wie schon gesagt, keinen „Wert an sich".

Der betriebliche Informationsfluß ist, gesehen auf eine Verarbeitungsstelle, durch die Stationen

gekennzeichnet. Die modellmäßige Darstellung der Leistung in einer Organisation der Informationsverarbeitung geschieht zweckmäßig so, daß der Verarbeitungsabschnitt „Ausgabe – Kommunikation – Eingabe" in der Belastung des Kommunikationsnetzes und der Verarbeitungsabschnitt „Programm" in Programmaufwand erfaßt wird.

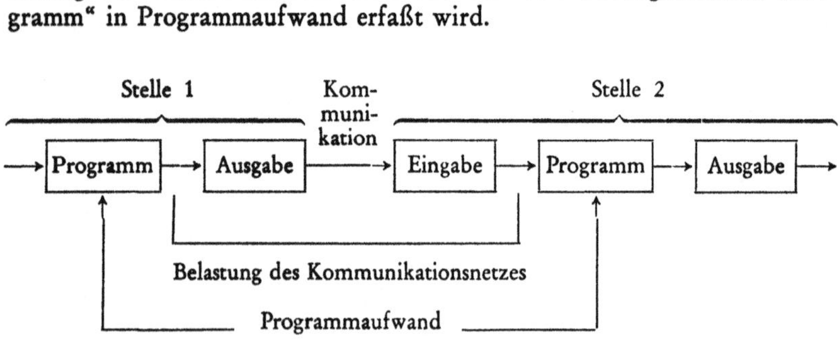

Diese Modelleinteilung ergibt sich aus dem Begriff Kommunikation, zu dem gehört, daß eine Information von einer Stelle abgegeben und von einer anderen Stelle aufgenommen wird. Ausgabe, Kommunikation (Transport) und Eingabe gehören also in ein Modell. Weiter erlaubt diese Unterteilung die Beurteilung sowohl manueller als auch maschineller Verfahren deswegen, weil sie die Ein- und Ausgabevorgänge vom eigentlichen Programm trennt. Diese Vorgänge sind bei manueller Informationsverarbeitung in der Regel mit dem Programmablauf so verknüpft, daß man sie nicht recht getrennt halten kann. Hier wird das Hauptgewicht dem Modell des Programmaufwandes beizulegen sein. Bei maschineller Informationsverarbeitung ist hingegen der Ein- und Ausgabevorgang deswegen sehr bedeutsam und kostenträchtig, weil die peripheren Einheiten einer Datenverarbeitungsanlage erheblich langsamer arbeiten als die Zentraleinheit.

a) Die Belastung des Kommunikationsnetzes

Stellt man für eine Einwirkungsstrecke der Produktion, die, wie das Beispiel auf S. 80, drei Werkstätten (Regelkreise) aufweist, das Schema des dazugehörigen Informationsflusses auf, so erhält man folgendes Bild:

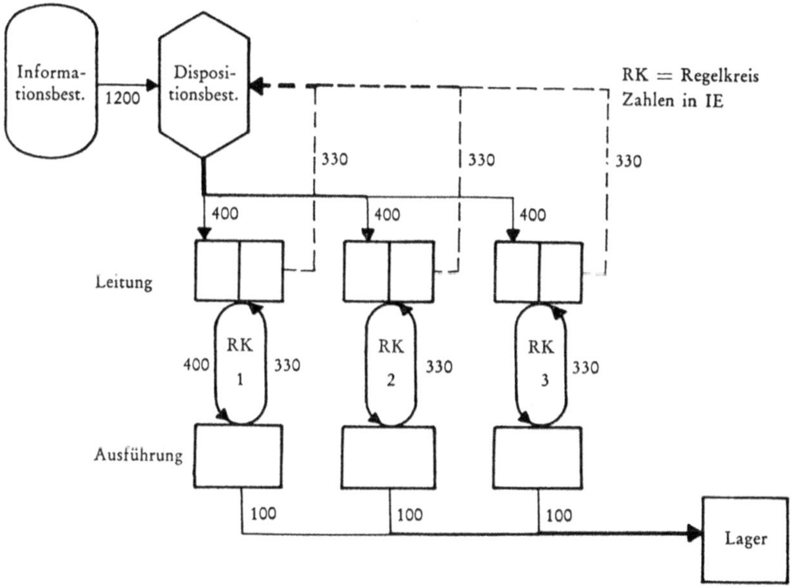

Abbildung 11

Aus einem Informationsbestand (Register) werden täglich 1 200 IE in einen Dispositionsbestand (Fertigungsplan) gegeben. Die drei Regelkreise erhalten je Periode 100 Material-IE und 300 Arbeits-IE, die von der Leitung (Meister) an die Ausführung gegeben werden. Dort werden die 100 IE Materialentnahmescheine an das Lager weitergeleitet, die 300 IE Akkordscheine mit der Eintragung der effektiv benötigten Zeit (+ 10%) versehen und über den Meister an den Dispositionsbestand als Vollzugsmeldung zurückgegeben. Die Belastung des Kommunikationsnetzes in einer Periode beträgt dann

Stelle	Eingehende IE *	Ausgehende IE *	IE-Belastung
Informationsbestand	—	1 200	1 200
Dispositionsbestand	2 190	1 200	3 390
Leitung RK 1	730	730	1 460
Leitung RK 2	730	730	1 460
Leitung RK 3	730	730	1 460
Ausführung RK 1	400	430	830
Ausführung RK 2	400	430	830
Ausführung RK 3	400	430	830
Lager	300	—	300
Summe Belastung	5 880	5 880	11 760

* je Periode.

Die Belastung des Kommunikationsnetzes ergibt sich je Periode zu 11 760 IE. Um diese Belastungsmenge von der Meßeinheit IE zu unterscheiden, soll sie als IE_b bezeichnet werden.

Ändert man die Modellbedingungen dahin ab, daß bei sonst gleichen Bedingungen die Anweisungen nicht vom Dispositionsbestand direkt an jeden der drei Regelkreise gelangen, sondern – wie es häufig zu beobachten ist – alle zunächst an den ersten, von dort, nachdem dieser die ihn betreffenden IE abgetrennt hat, an den zweiten und dann entsprechend an den dritten Regelkreis gehen, so ändert sich die Belastung des Kommunikationsnetzes wie folgt.

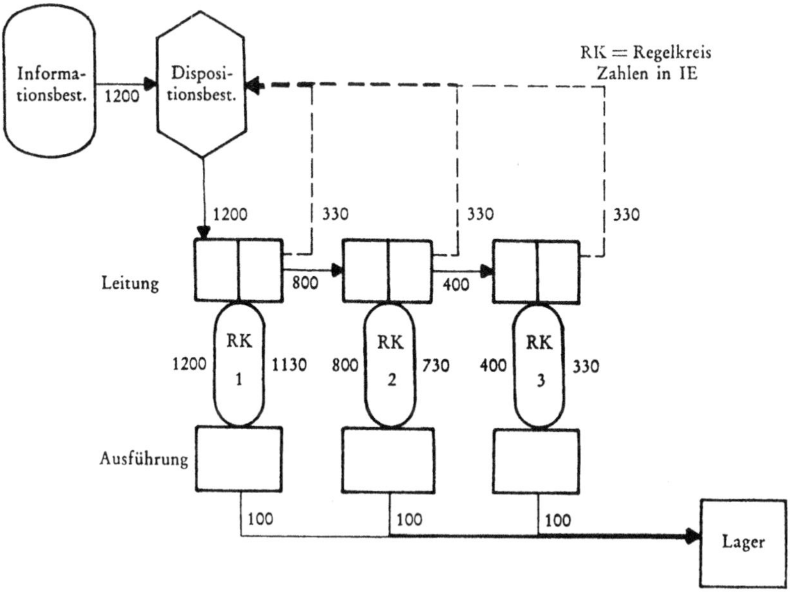

Abbildung 12

Stelle	Eingehende IE *	Ausgehende IE *	IE-Belastung
Informationsbestand	—	1 200	1 200
Dispositionsbestand	2 190	1 200	3 390
Leitung RK 1—3	4 590	4 590	9 180
Ausführung RK 1—3	2 400	2 490	4 890
Lager	300	—	300
Summe Belastung	9 480	9 480	= 18 960 IE_b

* je Periode.

Bei dieser – anscheinend geringfügigen – Änderung der Kommunikationswege ergibt sich eine um etwa 60% höhere Belastung des Kommunikationsnetzes beim Bild 13 gegenüber Bild 12 (Bild 12 = 100).

Das hier dargestellte Modell ist verhältnismäßig grob gehalten. Im konkreten Anwendungsfall wird die Modellausbildung differenzierter erfolgen müssen, so differenziert, wie es die konkreten Bedingungen erfordern.

Ebenfalls vom konkreten Fall wird es abhängen, wie stark ein Unterschied in der Belastung des Kommunikationsnetzes bei der Entscheidung über die Organisationsform ins Gewicht fällt. Zur Entscheidung wird man aber in jedem Fall noch das Modell über den Programmaufwand heranziehen und auswerten.

b) Der Programmaufwand

Der zweite wesentliche Faktor zur Beurteilung und Berechnung der Verarbeitungsorganisation für Informationen ergibt sich aus den Programmen. Man wird nun einwenden, daß hier eine allgemeine Aussage völlig unmöglich ist, da sich jedes Programm vom anderen unterscheide und also nichts Genaues ausgesagt werden könne.

Es ist hier aber auch gar nicht beabsichtigt, etwas „Genaues" auszusagen, sondern es soll lediglich ein Vergleichen und Hantieren mit groben Größen vorgenommen werden. Der „genaue" Wert dieser Größen läßt sich nämlich im konkreten Fall bald ermitteln.

Das „Programm" soll sich hier auf den Grundvorgang beschränken, der in der Behandlung der Elemente dargelegt wurde: Änderungsinformationen werden auf einen Informationsbestand verarbeitet. Hierzu waren zwei elementare Operationen beschrieben worden, erstens das Sortieren der Änderungsinformationen und zweitens das Zuordnen der sortierten Änderungsinformationen zum Bestand.

Was ein konkretes Programm darüber hinaus noch an Schritten enthält, soll hier nicht weiter interessieren. Es fällt auch im konkreten Fall nicht so sehr ins Gewicht, weil bei der für diesen Abschnitt generell vorausgesetzten Verarbeitung mit einer elektronischen Rechenmaschine mit Magnetbändern die Bandlaufzeit in die gesamte Programmzeit gewöhnlich überwiegend eingeht; und weil darüber hinaus die durch weitere Programmteile (außer der Zuordnung) beanspruchte Zeit bei allen Programmen in etwa gleich sein dürfte. Denn ein begrenzter Kernspeicher läßt auch nur ein begrenztes Programm zu, und kommerzielle Programme sind gewöhnlich linear und nicht zyklisch.

Der Aufwand für das Sortieren läßt sich in der Anzahl durchgesetzter IE ausdrücken. Um von der Stellenanzahl des Ordnungsbegriffes unabhängig zu sein, wird grundsätzlich das 2-Wege-Mischsortierverfahren unterstellt. Die Zahl der Durchläufe richtet sich dann allgemein nach der Anzahl zu sortierender IE [85]. Da die Länge des Durchlaufs in gewisser Weise außerdem von der Zeichenanzahl der zu sortierenden IE abhängt, soll der Aufwand durch Multiplikation der Durchlaufziffer mit der IE-Anzahl dargestellt werden. Der Aufwand für das Sortieren von 800 I-1-E beträgt demnach

[85] Siehe Ausführungen auf S. 37 f

$10 \cdot 800 = 8000$ IE Sortieraufwand, bezeichnet als IE_s. Für 800 I-3-E würde der Sortieraufwand $10 \cdot 800 \cdot 3 = 24\,000$ IE_s betragen.
Das Zuordnen wird ebenfalls durch den IE-Durchsatz in der Weise beschrieben, daß die IE-Anzahl der Änderungsinformationen zu derjenigen der Bestandsinformationen addiert wird. Werden 800 Änderungsinformationen 2400 Bestandsinformationen zugeordnet, so beträgt der Aufwand also $800 + 2\,400 = 3\,200$ IE_z (Index z für Zuordnung). Handelt es sich nicht nur um I-1-E, sondern auch um höherwertige IE, so wird die Zahl IE_z durch Multiplizieren mit der IE-Wertigkeit wie bei der Berechnung des Sortieraufwandes gewonnen.
Diese Rechnungsart kann jetzt auf ein Modell angewendet werden. In Anlehnung an das in Bild 11 dargestellte Beispiel soll folgendes dargestellt werden:
Drei Regelkreise (Werkstätten) sollen gesteuert werden. Die Periodenlänge und die Fertigungsdauer beträgt für alle Regelkreise 1 Tag. Je Regelkreis und Periode werden 400 IE vom Informationsbestand (Stückliste, Fertigungsvorschrift) an den Dispositionsbestand gesendet. Der Dispositionsbestand umfaßt, um überhaupt planen zu können, außer den IE der bereits „angearbeiteten" Aufträge die IE einer weiteren Auftragsperiode. An ihn gehen je Regelkreis und Periode 400 IE Unterrichtungsinformationen (Vollzugsmeldungen) zurück. Gleichzeitig gibt er an die Regelkreise je 400 IE ab.

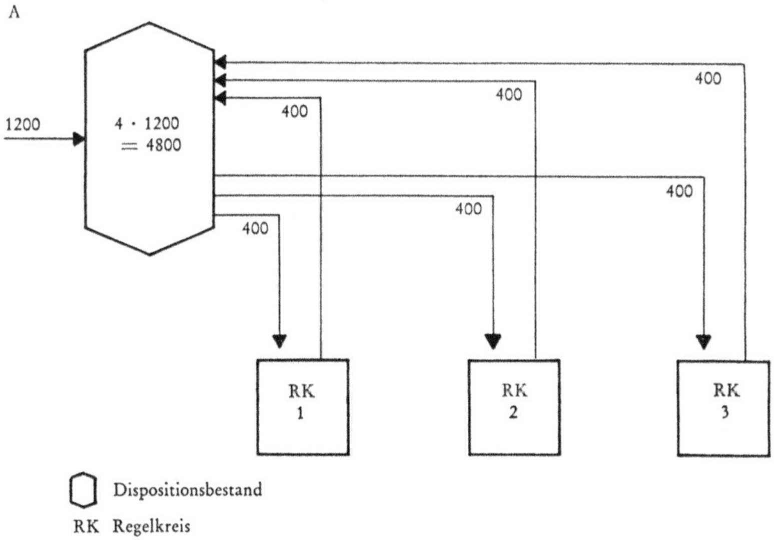

Abbildung 13

Die Kenndaten des Programms und der Aufwand für das Programm ergeben sich dann zu:

Bezeichnung	Berechnung		Fall A
1. Bestand	4 800	=	4 800 IE
2. Eingang	1 200 + 400 + 400 + 400	=	2 400 IE
3. Sortieraufwand	12 · 2 400	=	28 800 IE_s
4. Zuordnungsaufwand	4 800 + 2 400	=	7 200 IE_z
5. Programmaufwand			36 000 IE_a

Stellt man diesem Fall A einen Fall B gegenüber, bei dem die einzelnen Regelkreise unter sonst gleichen Bedingungen von *je einem* Dispositionsbestand gesteuert werden, so ergibt sich folgendes Bild:

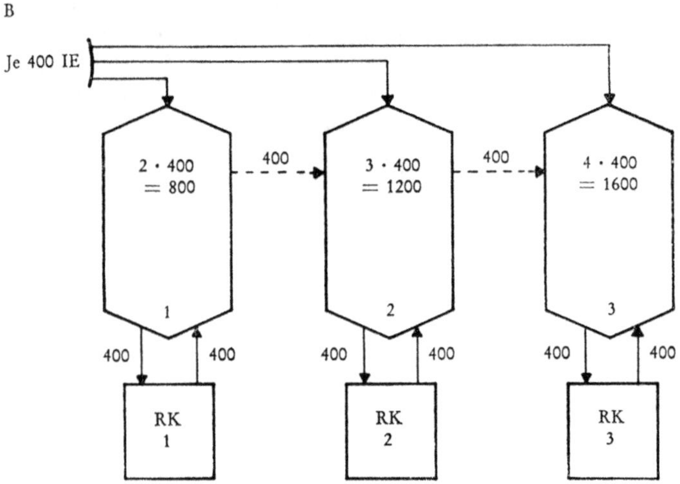

Abbildung 14

Unter den Planungsbedingungen des Falles A hat der Dispositionsbestand eins 2 · 400 IE Bestand, die nachgeschalteten Dispositionsbestände zwei und drei aber je um einen Periodenzugang IE mehr, weil der Informationsbestand seine IE ohne Rücksicht auf den Bearbeitungszeitpunkt gleichzeitig für einen Auftrag abgibt. Bei dieser Organisation der Planung müssen aber Dispositionsbestand 1 und 2 ihrem Hintermann die 400 Unterrichtungs-

informationen weitergeben, damit der weiß, ob er in der nächsten Periode auch tatsächlich arbeiten kann, d. h. das vorgefertigte Material erhält. Denn im vorgeschalteten Regelkreis kann eine Störung auftreten, die den Plan der nachgeschalteten Stellen beeinflussen muß.
Die Kenndaten des Programms und der Aufwand ergeben sich hier zu

Bezeichnung	Berechnung		Fall B
1. Bestand 1—3	800 + 1200 + 1600	=	3 600 IE
2. Eingang 1—3	800 + 1200 + 1200	=	3 200 IE
3. Sortieraufwand	10 · 800 + 11 · 1200 + 11 · 1200	=	34 400 IE_s
4. Zuordnungsaufwand	(800 + 800) + (1200 + 1200) + (1600 + 1200)	=	6 800 IE_z
5. Programmaufwand		=	41 200 IE_a

Bezeichnet man den Fall A als den zentral organisierten, den Fall B als den dezentral organisierten, so beträgt der Zentralisierungsvorteil an diesem Beispiel 5200 IE_a. Setzt man Fall B = 100, so wäre das etwa 12,5% Zentralisierungsvorteil im Programm.
In dem vorstehenden Beispiel ist aufgezeigt, in welcher Weise eine verhältnismäßig grobe Berechnung des für eine Einwirkungsstrecke möglichen und notwendigen Informationsverarbeitungsapparates vorgenommen werden kann. Die im konkreten Fall zur Verfügung stehenden Kosten oder Wichtungen der Leistungen für die Bewertung der Belastungsgröße des Kommunikationsnetzes IE_b und des Programmaufwands IE_a ermöglicht dann die Zusammenfügung der beiden Berechnungsteile.
Hier soll die Auswertung der durch diese Berechnungsmodelle sich ergebenden Erkenntnisse in allgemeiner Form vorgenommen werden. Sie soll ihren Platz in dem folgenden, besonderen Abschnitt erhalten.

B. Die Optimierung der Informationsverarbeitungs-Organisation

Das Ziel jeden Organisierens sollte sein, eine optimale Organisationsform zu erhalten. Den optimalen Punkt kann man durch Experiment – also durch einfaches Probieren – oder durch Rechnung erhalten. Seither wurde in der Praxis das Erreichen der optimalen Organisation durch das Experiment geübt. Da aber eine Organisationsumstellung eine ziemlich große Trägheit hat und da sich andererseits die Randbedingungen einer Organisation ver-

hältnismäßig schnell ändern, so war weder der Praxis noch infolgedessen der Theorie es möglich, eine Organisationsform nach der ceteris-paribus-Methode so oft zu ändern, bis das optimale Ergebnis der Experimentenreihe feststand.
Die Ergebnisse der Bemühungen um optimale Organisationsformen konnten nur aus einer Reihe von Experimenten mit jeweils verschiedenen Ausgangsbedingungen gewonnen werden. Sie schlugen sich infolgedessen nicht in exakten Größenordnungen, sondern in Organisationsgrundsätzen nieder, die mehr oder weniger allgemeingültig formuliert und ausgelegt wurden.
Mit den im Vorhergehenden entwickelten, zwar groben, aber immerhin abgegrenzten und auslegungsneutralen Rechenmethoden sollen nun einige Betrachtungen angestellt werden, die eine Grundlage zur rechnerischen Ermittlung einer optimalen Organisationsform sein können.

1. Die Bestimmung des Integrationseffektes

Im vorhergehenden Kapitel wurde aus dem Vergleich der Modelle A und B ein Zentralisierungsvorteil errechnet, der sich bereits aus dem Programmaufwand ergibt. Um über Zentralisation und Dezentralisation allgemeinere Aussagen machen zu können, muß außer der Ermittlung des Programmaufwandes noch der Aufwand dargestellt werden, der sich aus der Belastung des Kommunikationsnetzes ergibt.
Zuvor seien jedoch noch einmal die Größen des Programmaufwandes dargestellt und eingehender interpretiert:

Bezeichnung	Fall A	Fall B	Differenz B gegenüber A
1. Bestand	4 800	3 600	— 1 200 IE
2. Eingang	2 400	3 200	+ 800 IE
3. Sortieraufwand	28 800	34 400	+ 5 600 IE_s
4. Zuordnungsaufwand	7 200	6 800	— 400 IE_z
5. Programmaufwand	36 000	41 200	+ 5 200 IE_a

Die unter 1. aufgeführten Bestände an IE innerhalb der Dispositionsbestände weisen für den Fall A eine höhere Anzahl auf als für den Fall B. Im Falle A sind nämlich auch die Informationen noch im Bestand enthalten, die bereits erledigt, „abgearbeitet“, sind, während im Fall B diese Informationen – die noch für Abrechnungszwecke benötigt werden – über den Kommunikationsweg „Bestand 1 ⟶ Bestand 2“ und „Bestand 2 ⟶ Bestand 3" aus den Dispositionsbeständen 1 und 2 verschwinden. Man kann durch Einführung einer Sammelstelle für „abgearbeitete" Informationen in das Modell auch deren Zwischenspeicherung noch mit darstellen. Es ist um der einfachen Darstellung willen aber zweckmäßiger, die Modellbedingung für den Bestand dahingehend abzuändern, daß nur die für die Disposition aktuellen Informationen im Bestand gezählt werden. Damit reduziert sich der Bestand im Falle A auch auf 3600 IE.

Der unter 2. aufgeführte Unterschied in der IE-Eingangsmenge resultiert aus dem Bedürfnis, über die Vollzugsfähigkeit der Dispositionen Sicherheit zu haben. Hier könnte man nun einwenden, daß an Stelle der 400 IE weniger, vielleicht nur einige Informationen benötigt werden, um dem jeweils folgenden Bestand die richtige Disposition zu ermöglichen. Das mag zutreffen, solange alles planmäßig funktioniert. Der wesentlich häufigere Fall ist aber der, in dem eben nicht alles planmäßig abläuft und also eine bloße Fertigmeldung nicht ausreicht. Dann muß im folgenden Bestand festgestellt werden, wann das Vormaterial zur Verfügung stehen wird; das ermittelt man, indem man den derzeitigen Stand der Fertigung feststellt, und diese Angabe wiederum ergibt sich aus dem Durchsehen der bereits erledigten Arbeitsgänge. Nimmt man nun noch an, daß es sich nicht nur um einen Auftrag je Tag, sondern um mehrere handeln kann, so wird die angenommene Informationsmenge zu Vollzugs-Sicherheits-Zwecken immer wahrscheinlicher. Für das Modell soll jedenfalls diese einfache Annahme genügen; und im Anwendungsfall hat man die konkreten Daten.

Der unter 3. angegebene Sortieraufwand ist für den Fall B höher als für den Fall A. Die Differenz im Aufwand erklärt sich lediglich aus der größeren Anzahl zu sortierender Informationen. Die Anwendung der Meßzahl IE_s „Durchläufe $\times$ IE" ergibt für das Sortieren zweier Teilmengen $\frac{x}{2}$ einen geringeren Aufwand als für das Sortieren einer Menge X. So sehr hier auch die spezielle Sortiertechnik die Werte beeinflussen kann, so sehr dürfte aus einfacher Überlegung ein derartiges Aufwandverhältnis sich als richtig ergeben: das Maß der Unordnung ist bei einem kleineren Bestand auch relativ geringer als bei einem großen Bestand.

Der als 4. Punkt aufgeführte Zuordnungsaufwand IE_z bedarf keiner besonderen Interpretation. Er ist ein grobes Maß für den Aufwand der Zuordnung, in dem sonstige Arbeitsgänge unberücksichtigt bleiben. Bei stark differenzierten Programmen mag man an Stelle der Annahme eines Durchlaufs auch zwei, drei oder mehr Durchläufe ansetzen, um zu unterschiedlichen Belastungen zu kommen. Das sollte aber nur mit Vorsicht geschehen. Die Annahme eines einzigen Durchlaufs ist jedoch für die hier verfolgten Zwecke zunächst genügend genau, da Programmzeiten einfacher, kommerzieller Arbeitsabläufe in wesentlich stärkerem Maße von der Anzahl be-

teiligter Informationen als von der Programmlänge abhängen und da die Sortierzeiten als eigner Faktor gefaßt sind.
Unter Berücksichtigung der zum Bestand oben erörterten modellmäßigen Gleichstellung von A und B ergibt sich dann folgende Gegenüberstellung für den *Programmaufwand:*

Bezeichnung	Fall A	Fall B	Differenz B zu A
1. Bestand	3 600	3 600	— IE
2. Eingang	2 400	3 200	+ 800 IE
3. Sortieraufwand	28 800	34 400	+ 5 600 IE_s
4. Zuordnungsaufwand	6 000	6 800	+ 800 IE_z
5. Programmaufwand	34 800	41 200	+ 6 400 IE_a

Die *Belastung des Kommunikationsnetzes,* bezogen ausschließlich auf den bzw. die Dispositionsbestände, ergibt folgende Zahlen:

Bezeichnung	Fall A	Fall B	Differenz B zu A
11. Eingänge	2 400	3 200	+ 800 IE
12. Ausgänge	1 200	2 000	+ 800 IE
13. Belastung	3 600	5 200	+ 1 600 IE_b

Es liegt jetzt nahe, Programmaufwand und Belastung des Kommunikationsnetzes irgendwie addieren zu wollen, um zu einer Ziffer für die Organisation der Informationsverarbeitung zu gelangen. Man könnte das in einer Äquivalenzziffernrechnung erreichen, in der man die relativ geringere Geschwindigkeit der peripheren Geräte wichtet. Aber das sollte einer in der Praxis am konkreten Beispiel durchzuführenden Untersuchung vorbehalten bleiben.
Bisher wurde ein Modell B diskutiert, das hintereinandergeschaltete Dispositionsbestände vorsah, die sich jeweils am Vordermann ihre Sicherheit hinsichtlich der Vollzugsfähigkeit holten. Es wäre nun zu prüfen, wie das Modell bei paralleler Fertigung und also auch Planung aussähe und zu welchem Maß des Integrationseffektes man hier gelangte.
Für eine solche Betrachtung seien Fall C und D in ein Modell gefaßt. Es handelt sich bei beiden Fällen um ein Fertigungsverfahren, in dem je 2 Stellen die Vorfertigung für 2 Hauptwerkstätten durchführen, deren Fabrikate dann noch zusammen einer Endproduktion unterworfen werden.

Fall C

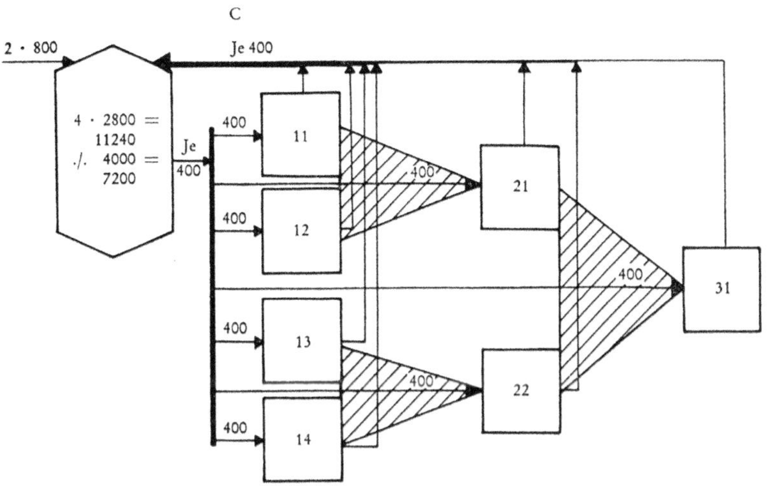

Abbildung 15

Fall D

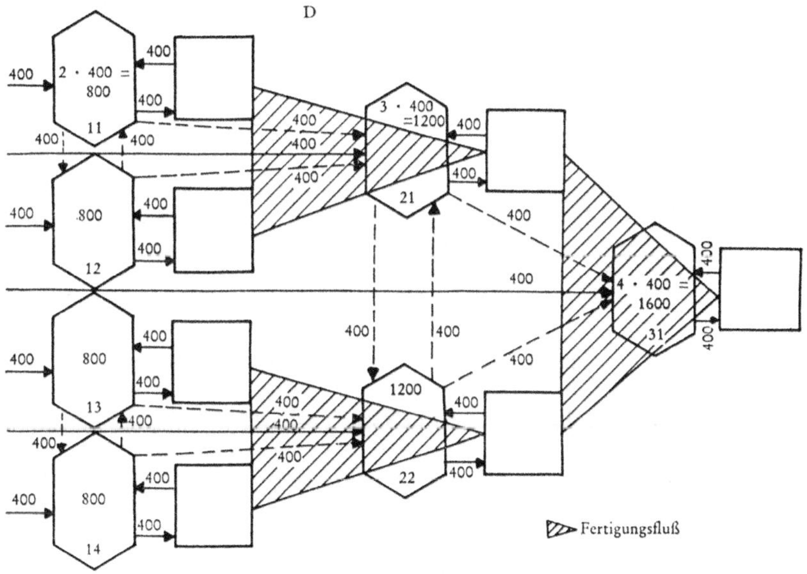

Abbildung 16

Der Vergleich des Programmaufwandes und der Kommunikationsnetz-Belastung ergibt hier folgende Werte:

I. Programmaufwand

Bezeichnung	Fall C	Fall D	Differenz D gegenüber C
1. Bestand	7 200	7 200	— IE
2. Eingang	5 600	10 400	+ 4 800 IE
3. Sortieraufwand	72 800	114 400	+ 41 600 IE_s
4. Zuordnungsaufwand	12 800	17 600	+ 4 800 IE_z
5. Programmaufwand	85 600	132 000	+ 46 400 IE_a

II. Belastung des Kommunikationsnetzes

Bezeichnung	Fall C	Fall D	Differenz D zu C
11. Eingänge	5 600	10 400	+ 4 800 IE
12. Ausgänge	2 800	7 600	+ 4 800 IE
13. Belastung	8 400	18 000	+ 9 600 IE_b

Die Gegenüberstellung von C/D ergibt im Programmaufwand einen Integrationseffekt von 35% gegenüber 15% bei A/ B, in der Kommunikationsnetz-Belastung einen von 53% bei C/D gegenüber 30% bei A/B [36]. Die bei C/D höhere Einsparung erklärt sich aus der von 2 auf 12 angewachsenen Zahl der Komunikationswege zum Zwecke der Sicherheit über die Vollzugsfähigkeit.

Eine Zentralisation der Planung erscheint also um so günstiger, je stärker der innere Zusammenhang der einzelnen gesteuerten Regelkreise und damit ihre Notwendigkeit, die Vollzugsfähigkeit zu kennen, ist.

Daß im umgekehrten Fall eine Zentralisation entweder keinen wirtschaftlichen Effekt hat oder nur einen negativen, beweist die Gegenüberstellung der Modelle E/F, deren Ergebnis gewissermaßen die Probe auf die Modellbetrachtung ist.

[36] Prozentsatz bezogen auf B = 100 bzw. D = 100.

Hier sind zwei Einwirkungsstrecken, die untereinander keinerlei Verknüpfung haben, in zentraler und dezentraler Organisation der Dispositionsbestände gegenübergestellt.

Fall E

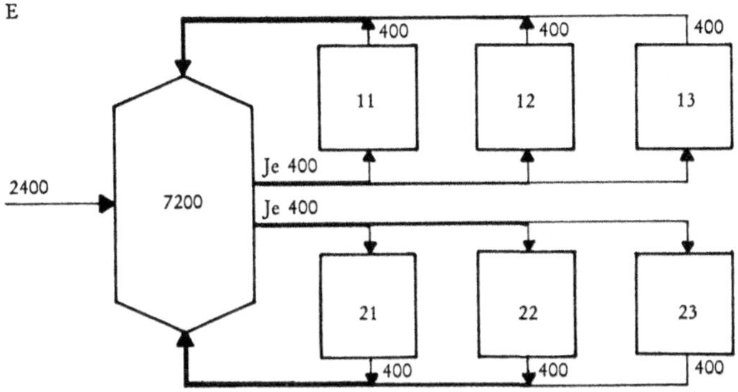

Abbildung 17

Fall F

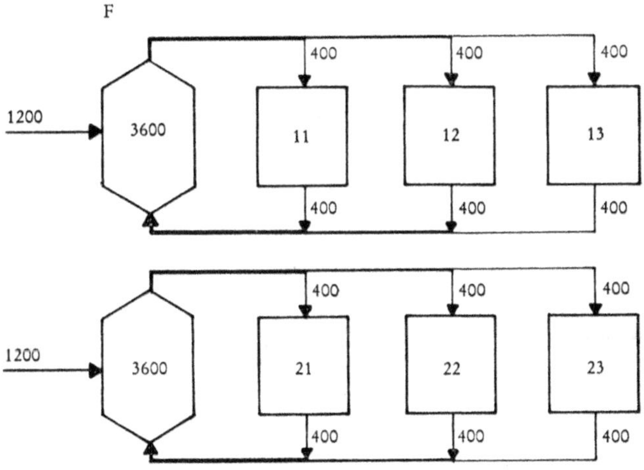

Abbildung 18

Bezeichnung	Fall E	Fall F	Differenz F zu E
1. Bestand	7 200	7 200	— IE
2. Eingang	4 800	4 800	— IE
3. Sortieraufwand	62 400	57 600	— 4 800 IE_s
4. Zuordnungsaufwand	12 000	12 000	— IE_z
5. Summe Programmaufwand	74 400	69 600	— 4 800 IE_a

Unter diesen Bedingungen erweist sich der Fall F, die dezentrale Organisation, als wirtschaftlicher. Das Modell des Programmaufwandes erscheint demnach in der Lage, die tatsächlich vorhandenen Auswirkungen der Organisation der Informationsverarbeitung auf die Kosten nachzubilden, denn nach der praktischen Erfahrung war ein solches Ergebnis zu erwarten.

Es darf nun an dieser Stelle nicht unterlassen werden, ausdrücklich darauf hinzuweisen, daß im industriellen Betrieb Fälle vollständigen Verknüpftseins oder vollständigen Nicht-Verknüpftseins von mehreren Einwirkungsstrecken nicht sehr oft vorkommen. Insoweit verlangt die konkrete Situation mit ihrer großen Differenziertheit der Bedingungen in der Regel eine Verfeinerung des Modells.

Eine Untersuchung in dieser Richtung würde aber im Rahmen der vorliegenden Arbeit zu weit führen; sie soll daher unterbleiben.

Es sind aber zwei andere grundsätzliche Zusammenhänge, die hier noch zu erörtern wären. Denn folgt man der linearen Formel des Integrationseffektes, so wäre als optimal das Maximum an Zentralisation der Informationsverarbeitung zu bezeichnen. Hier stellen sich jedoch zwei Fragen, die geeignet sein könnten, der Zentralisationstendenz von einem bestimmten Punkt an Einhalt zu gebieten.

Die erste Frage geht dahin, ob ein Bestand beliebig groß werden kann. Zu klären wäre also, welche Kosten aufzuwenden sind, um einen Bestand funktionsfähig zu halten, und wie sich diese Kosten mit wechselndem Bestandsumfang verändern.

Weiter wäre zu klären, wie sich Programmaufwand und Belastung des Kommunikationsnetzes dadurch ändern, daß von einer gewissen Ebene ab nicht mehr viele Informationen mit großem Bestimmtheitsgrad, sondern wenige mit kleinerem Bestimmtheitsgrad weitergegeben werden, wie also das Hantieren mit verdichteten oder spezifikationsbedürftigen Informationen sich auf das Modell des Informationsflusses auswirkt.

2. Der Umfang des Änderungsdienstes

Zu einem Informationsbestand gehört ein Änderungsdienst, der diesen Bestand in Ordnung hält. Der Änderungsdienst erstreckt sich auf die gespeicherten Informationen und auf das Verarbeitungsprogramm selbst.
Für den Änderungsdienst der gespeicherten Daten ist das Maß der Aufwandberechnung bereits festgelegt. Wie im vorhergehenden Abschnitt werden Sortier- und Zuordnungsaufwand zu ermitteln sein.
Der Programmaufwand richtet sich dabei nach der Anzahl der Änderungen und nach der IE-Anzahl des Bestandes. Die Anzahl der Änderungen geht in das vorliegende Modell stärker ein als das Bestandsvolumen, da der Sortieraufwand vergleichsweise höher ist als der Zuordnungsaufwand.
Die folgende Tabelle gibt den Programmaufwand wieder, die ein Änderungsdienst für einen zentralen Bestand von 100 000 IE verursacht:

Änderungs-IE	IE_s	IE_z	IE_a
1 000	10 000	101 000	111 000
2 000	22 000	102 000	124 000
5 000	65 000	105 000	170 000
10 000	140 000	110 000	250 000
25 000	375 000	125 000	500 000

Stellt man diesen Werten für IE_a den Aufwand gegenüber, der sich ergibt, wenn die gleiche Zahl von Änderungs-IE auf zehn entsprechend kleinere Bestände von je 10 000 IE sich verteilt, so ergibt sich:

Änderungs-IE	IE_s	IE_z	IE_a	$IE_a \times 10$
100	700	10 100	10 800	108 000
200	1 600	10 200	11 800	118 000
500	4 500	10 500	15 000	150 000
1 000	10 000	11 000	21 000	210 000
2 500	30 000	12 500	42 500	425 000

Es ergibt sich zwischen dem Änderungsdienst-Aufwand bei einem zentralen großen Bestand und dem bei 10 dezentralen entsprechend kleineren Beständen eine Differenz, die bei den gewählten Änderungs-Anzahlen zwischen

3000 und 75 000 IEa liegt. Die Entwicklung des Mehraufwandes beim Zentralbestand gegenüber den dezentralen Beständen von 1000 bis 15 000 Änderungs-IE läßt sich graphisch wie folgt darstellen:

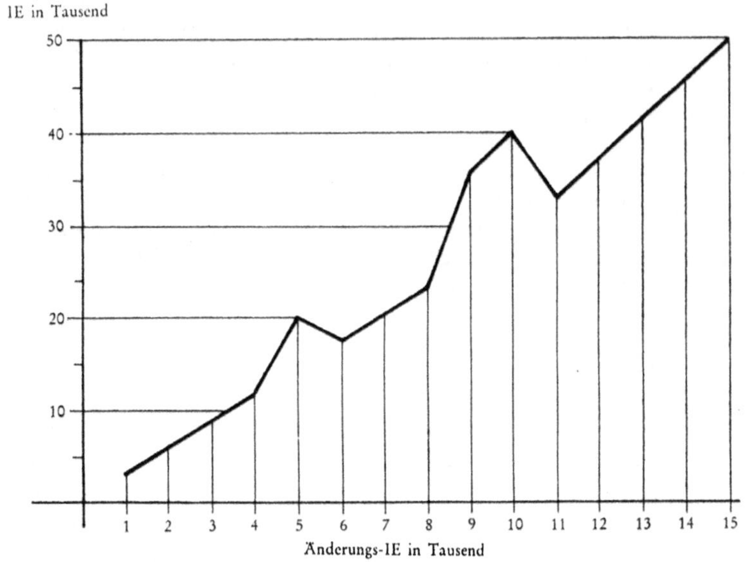

Abbildung 19

Es handelt sich um eine im Trend linear verlaufende Kurve, deren Buckel hervorgerufen werden durch die für die beiden verglichenen Programmaufwandentwicklungen ungleichmäßig erfolgenden Änderungen der Durchlaufziffer, die bekanntlich von der Zweier-Potenzen-Reihe abhängt.
Aus dem Vergleich der Tabellen und aus der Kurve ergibt sich, daß der Änderungsdienst eines Zentralbestandes gegenüber dem von 10 dezentralen, in der IE-Anzahl gleichen Beständen um so aufwendiger wird, je größer der Prozentsatz der Änderungen (bezogen auf den Bestand) wird. Von etwa 2,8% bei 1% Änderungen steigt der Mehraufwand über 13,3% bei 5% Änderungen auf 17,6% bei 25% Änderungen. Der Mehraufwand ist hier ausschließlich auf unterschiedliche Sortierzeiten zurückzuführen.
Allgemein kann also gesagt werden, daß der Programmaufwand für Änderungsdienst relativ um so höher sein wird, je größer der Bestand wird.
Hier liegt offenbar eine Einschränkung für die Integration; Bestände dürfen nach dieser Überlegung nicht beliebig groß werden.
Nun kann der Änderungsdienst, außer die Angaben eines Registers auszuwechseln, bei einem Dispositionsbestand – also einem Plan – sich auch noch

auf Steuerungsinformationen beziehen und erfordern, alle bereits eingeplanten Steuerungsinformationen, die hinter der zu ändernden Information rangieren, ebenfalls neu zuzuordnen. In diesem Fall erhöht sich der durch den Änderungsdienst hervorgerufene Aufwand um die Zahl zusätzlicher Sortier- und Zuordnungsdurchläufe u. U. erheblich. Von einer näheren Erörterung des in diesen Fällen entstehenden Aufwandes muß jedoch abgesehen werden, da seine zahlenmäßige Erfassung eine Differenzierung des Zuordnungsaufwandes erforderte, für die entweder konkrete Angaben oder spezielle Hypothesen zur Verfügung stehen müßten. Das bisherige einfache Modell soll aber in dieser Untersuchung nicht unnötig kompliziert werden.
Der Aufwand des Teiles eines Änderungsdienstes, der sich auf eine Änderung der Verarbeitungsprogramme erstreckt, läßt sich mit den bisher entwickelten Maßen nicht fassen. Er soll auch nicht weiter in das vorliegende Aufwandsystem einbezogen werden. Es muß jedoch hier angemerkt werden, daß die Programmänderung nicht nur personellen Programmierer-Aufwand, sondern teilweise erheblichen Maschinenaufwand beim Testen erfordert. Man sollte daher diesen Aufwand nicht zu gering einschätzen.

3. Bestimmtheit und Informationsverarbeitungs-Kosten

Es bleibt in diesem Untersuchungsabschnitt noch zu prüfen, ob sich die Verwendung von Informationen unterschiedlichen Bestimmtheitsgrades in dem entwickelten Modell darstellen läßt und wie sie sich im Modell verhalten.
Nach den im ersten Hauptteil der Untersuchung festgestellten Grundlagen bedeutet unterschiedlicher Bestimmtheitsgrad zunächst eine Stufe in der Schichtung der Tätigkeitsebenen innerhalb der Unternehmung. Die Bestimmtheit war ja so definiert worden, daß sie von oben nach unten ständig zunimmt. Da in einem geschlossenen System, wie bereits gesagt, die Bestimmtheit der Information spontan niemals zunehmen kann, sondern nur durch Zuführung zusätzlicher Informationen, muß ein solcher Zuführungsvorgang von Informationen in das Modell aufgenommen werden. Wenn aber etwas zugeführt werden soll, muß es vorher irgendwo vorhanden sein, es muß also einen Bestand an Informationen geben. Dieser Bestand muß weiter die Eigenschaft haben, den eingegebenen Informationen die zuzuführenden (Bestands-)Informationen einfach und eindeutig zuzuordnen; es muß sich m. a. W. um einen als Register aufgebauten Bestand handeln.
Im nachfolgenden angenommenen Fall soll der vertikale Kommunikationsweg A ein solches Register aufweisen (A 3), das die hier als reine Volumenzunahme angenommene Vergrößerung der Bestimmtheit im Verhältnis 1 : 10 bewirkt. Zum Vergleich ist der Kommunikationsweg B aufgeführt, der kein Register aufweist, auf dem also alle Stellen alle IE verarbeiten müssen.

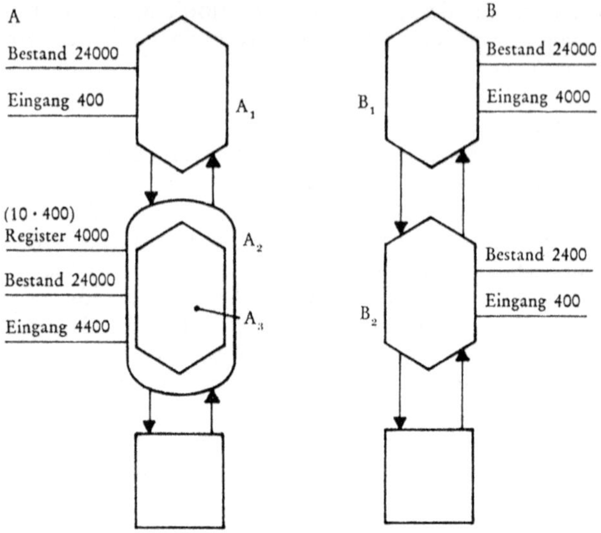

Abbildung 20

Rechnung 1

Voraussetzungen: Die Register sind so geordnet, daß die ausgehenden IE ohne Sortieren in den Dispositionsbestand gegeben werden können und nur ein Mischgang mit den Änderungsinformationen erforderlich ist. Die Rubrik D gibt die Zahl der Durchläufe an.

Fall	Bestand	Eingang	D	IE_s	IE_z	Summe IE_a
A_1	2 400	400	9	3 600	2 800	6 400
A_2	4 000	400	9	3 600	4 400	8 000
A_3	24 000	8 000*	12	56 000**	32 000	88 000
						102 400
B_1	24 000	4 000	12	48 000	28 000	76 000
B_2	24 000	8 000	13	104 000	32 000	136 000
						212 000

* Darin enthalten 4000 IE aus dem Register zum Mischen.
** Reiner Sortieraufwand 48 000 IE_s, Mischaufwand 8000 IE_s.

Rechnung 2

Voraussetzungen: Auch die aus dem Register kommenden IE müssen voll sortiert werden.

Fall	Bestand	Eingang	D	IE_s	IE_z	Summe IE_a
A_1	2 400	400	9	3 600	2 800	6 400
A_2	4 000	400	9	3 600	4 400	8 000
A_3	24 000	8 000	13	104 000	32 000	136 000
						150 400
B_1	24 000	4 000	12	48 000	28 000	76 000
B_2	24 000	8 000	13	104 000	32 000	136 000
						212 000

Der Vergleich wurde unter zwei verschiedenen Annahmen durchgerechnet; im ersten Fall wird unterstellt, daß die aus dem Register kommenden Informationen bereits so geordnet sind, daß für die Zuordnung zum Dispositionsbestand (A_3) keine Sortierung mehr nötig ist; das kann durch entsprechenden Aufbau der Registeradressen erreicht werden. Im weiteren Fall wurde volle Sortiernotwendigkeit angenommen. Durch die Einführung des Registers, also die Einführung des Spezifikationsvorgangs und des Verdichtungsvorgangs in der entgegengesetzten Richtung, ergibt sich ein bei A gegenüber B um 52% geringerer Programmaufwand im ersten Fall und um 29% geringerer Programmaufwand im zweiten.

In diesem Verhalten einer Kommunikationsstrecke bei Einfügung eines Registers liegt eine wesentliche Begrenzung des linear anzunehmenden Integrationseffektes, dessen Werte zwischen 15% und 35% lagen. Nun kann allerdings nicht angenommen werden, daß das Spezifizierungsverhältnis immer relativ hoch bei 1 : 10 läge. Immerhin wäre der Effekt bei einem Spezifikationsverhältnis 1 : 5 auch noch laut folgender Tabelle nach Rechnungsmethode 2 mit 23% anzusetzen.

Fall	Bestand	Eingang	D	IE_s	IE_z	IE_a
A_1	4 800	800	10	8 000	5 600	13 600
A_2	4 000	800	10	8 000	4 800	12 800
A_3	24 000	8 000	13	104 000	32 000	136 000
						162 400
$B_1 + B_2$ siehe oben						212 000

Bei der Berechnung der Einsparung von Programmaufwand durch Einführung von Registern spielt selbstverständlich neben der einfachen Erhöhung des Informationsvolumens die wesentliche Rolle das Verhältnis der Anzahl von Einzelinformationen vor und hinter dem Register.
Auf dem horizontalen Kommunikationsweg, also auf gleicher qualitativer Ebene, kann es zwar keine grundsätzlich unterschiedliche „erforderliche Bestimmtheit" geben. Immerhin wäre hier zu diskutieren, inwieweit die Fälle von Überbestimmtheit das Kommunikationsnetz belasten. Eine solche Überbestimmtheit tritt immer dort auf, wo Informationen auf dem horizontalen Kommunikationsweg mehrere Stellen durchlaufen, z. B. mehrere Werkstätten. Die Überbestimmtheit rührt daher, daß die in die Werkstatt I einlaufende Information außer den für diese Werkstatt wichtigen Daten auch noch diejenigen für die Werkstätten II, III usw. mitführt. Daraus ergibt sich ein Ballast, der sich im Programmaufwand zwar nicht so sehr in der Durchlaufzahl, wohl aber in der IE-Menge bemerkbar macht.
Das Modellbild könnte etwa wie folgt aussehen:

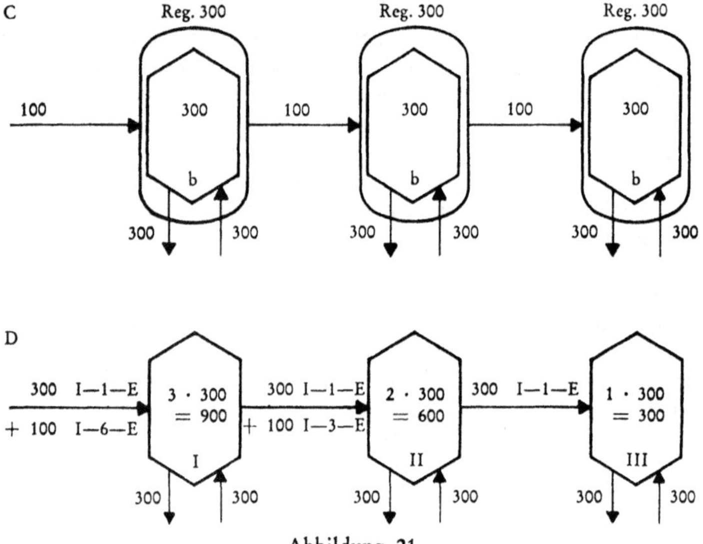

Abbildung 21

Berechnung des Programmaufwandes

Fall C:

a) Sortieren	100 × 7	=	700 IE_s
Zuordnen	100 + 300	=	400 IE_z
		Summe	1 100 IE_a

b) Sortieren (300 + 300) × 10 = 6 000 IE_s
Zuordnen 300 + 600 = 900 IE_z
Summe b 6 900 IE_a
+ Summe a 1 100 IE_a
= 8 000 IE_a je Bestand

Der Gesamtaufwand für den Fall C beträgt dann 24 000 IE_a.

Fall D:

Bestand I	Sortieren 600 I-1-E + 100 I-6-E		
	= 10 × 1 200	=	12 000 IE_s
	Zuordnen 1 200 + 900	=	2 100 IE_z
	Summe		14 100 IE_a
Bestand II	Sortieren 600 I-1-E + 100 I-3-E		
	= 10 × 900	=	9 000 IE_s
	Zuordnen 900 + 600	=	1 500 IE_z
	Summe		10 500 IE_a
Bestand III	Sortieren 600 I-1-E		
	= 10 × 600	=	6 000 IE_s
	Zuordnen 600 + 300	=	900 IE_z
	Summe		6 900 IE_a

Der Gesamtaufwand für den Fall D beträgt dann 31 500 IE_a.

Zugrunde läge in beiden Fällen ein horizontaler Kommunikationsweg, der 3 Stellen berührt. Jede Stelle benötigt in der Periode für 100 Aufträge 300 IE zur Steuerung. Im Falle C werden nur je 100 IE, gewissermaßen als Registeraufruf, weitergegeben, im Falle D alle 900 IE von vorne bis zu ihrem Zielpunkt mitgeführt, wobei für die ersten beiden Stellen gilt, daß sie die redundanten IE gesondert aufbewahren, bis ihr Fertigungszyklus vorüber ist, und dann erst — als Fertigmeldung — weitergeben.
Auch hier läßt sich das Verhalten des Programmaufwandes im Modell darstellen. Bei 3 Stellen und unter den hier angenommenen Voraussetzungen liegt die Organisation nach C um 24% günstiger als die nach D, gemessen am Programmaufwand.

C. *Anwendung und Aussage der Modellrechnung*

Es liegt jetzt nahe, zu vermuten, daß sich die dargestellten Berechnungsmodelle durch eine mathematische Formel beschreiben lassen, daß die Formeln für die einzelnen Modelle zusammengefügt werden können und sich dann *eine* Gleichung ergibt, aus der man für jeden Fall die günstigste Organisation durch entsprechende mathematische Behandlung finden kann. Eine in dieser Richtung gehende Vermutung mag noch dadurch bestärkt werden, daß die für die Beispiele aus Gründen einfacherer Demonstration gewählte gleichmäßige Verteilung der IE auf die einzelnen Dispositionsbestände der Modelle eine Extrapolation der Ergebnisse und damit das Formulieren eines mathematischen Ausdrucks herauszufordern scheinen.
Es ist dem aber leider nicht so. Denn an eine solche Patentformel wären die Forderungen zu stellen, daß sie allgemeine Gültigkeit besäße, ihre Formulierung einfach und übersichtlich wäre und daß ihre Aussagen im konkreten Fall angewendet werden könnten. Diese Forderungen können aber immer nur bis zu einem bestimmten Grade erfüllt werden.
Gewiß, irgendwie geartete Formeln lassen sich aufstellen. So ergibt sich für die Modelle A und B in Bild 13 und 14 z. B. die Berechnung des Integrationseffektes im Belastungsaufwand IE_b zu Effekt $E = X (2n - 2)$, wenn n die Zahl der Dispositionsbestände und X die Anzahl ein- und ausgehender IE je Dispositionsstelle und Periode ist. Und für die Minderung der Eingänge in der Programmaufwandberechnung ergibt sich $E = (n - 1) D$ bei gleicher Bedeutung für n und D = Anzahl der eingehenden Dispositions-IE je Periode.
Diese Formeln sind aus dem Modell sehr einfach abzulesen. Sie besitzen aber nur Gültigkeit unter den speziellen Bedingungen des Modells, hier also der Gleichmäßigkeit der IE-Verteilung. Eine derartige Gleichmäßigkeit ist aber in der Praxis kaum anzutreffen; sie ist ein seltener Ausnahmefall. Die Berücksichtigung der Ungleichmäßigkeit in einer Formel ist aber deswegen schwierig, weil nicht nur die Tatsache und Größenordnung der Ungleichmäßigkeit selbst, sondern auch die jeweils vorliegende Zuordnung der unterschiedlichen IE-Beträge zu den Beständen 1, 2, 3 usw. eine Rolle spielt. Damit wird die mathematische Beschreibung des sich hier stellenden Problems so kompliziert und von so vielen mit einzubeziehenden Voraussetzungen abhängig, daß die relativ einfache modellmäßige Darstellung und Berechnung einer solchen Formel eindeutig überlegen wird. Mit einer Mammut-Formel wäre aber weder der Praxis noch der Theorie gedient, und das um so weniger, als sie nicht nur in der Handhabung schwerfällig wäre, sondern auch das Ergebnis ihrer Anwendung eine Genauigkeit vortäuschen würde, die es durch eine Überlagerung menschlicher, meist nicht berechenbarer Vorgänge ex ante nicht haben kann.

Die Praxis kann das gewünschte Ergebnis der Berechnungen leichter auf dem Wege der mehrmaligen Durchrechnung mit jeweils verändertem Modellansatz finden. Und die Theorie wird nicht Gefahr laufen, in den beschriebenen groben Gesetzmäßigkeiten mathematisch exakte Aufwandsverläufe zu vermuten, die nun beliebig angewendet werden könnten. Eine solche Exaktheit liegt hier nicht vor; die Berechnungsmodelle sind in der Absicht aufgestellt worden, die bisher sowohl bei Rationalisierung als vor allem auch bei Planungsrechnungen sehr summarischen Argumente zu verfeinern und überhaupt erst einmal eine Aussage über die Informationsverarbeitungskosten zu ermöglichen. Diese immer noch relativ grobe Betrachtung läßt im Anwendungsfall Unterschiede in der Leistung und den Kosten und damit Verhaltenstendenzen erkennen. Ob diese Tendenzen aber für jeden Punkt eines Kurvenzuges in bezug auf seinen benachbarten Punkt gelten, muß vorläufig in Frage gestellt bleiben. Aller Erfahrung nach wird das nicht der Fall sein. Darauf deutet schon das Verhalten der Aufwanddifferenzenkurve des Änderungsdienstes (Bild 19) hin.
Es muß bei der Anwendung der Modellrechnungen auch darauf geachtet werden, daß die Wahlmöglichkeit für die Organisation der Informationsverarbeitung beschränkt ist. Diese Beschränkung ergibt sich einmal aus den Bedingungen der Einwirkungsstrecke für die Informationsverarbeitung, nach denen deren Organisation sich zu richten hat, und zum anderen aus der sprungfix und nicht infinitesimal sich entwickelnden Kostengestaltung der „Kosteneinflußgrößen" Mensch und Maschine.
Wenn auch für den Organisierenden die Möglichkeit besteht, Einwirkungsstrecke und Informationsverarbeitung durch Unterteilung oder Verknüpfung unterschiedlich zu bestimmen, so ist er doch an gewisse, sinnvoll nicht mehr teilbare „Streckenteile" gebunden. Die Wahlmöglichkeit ist also eingeschränkt, in der Regel so, daß selten mehr Varianten im konkreten Fall bestehen, als Finger an einer Hand sind.
Trotz der Einschränkungen lassen sich mit Hilfe der aufgestellten Rechenregeln einige Fragen genauer beantworten, als das bisher möglich war. Einige andere Fragen können erst jetzt gestellt und beantwortet werden. Die Modellrechnung ist vor allem zur Durchführung von Organisationsvergleichen geeignet, und zwar sowohl zum zeitlichen Vergleich der Informationsverarbeitung vor und nach einer organisatorischen Umstellung, als auch zum Vergleich unterschiedlicher Organisationen der Informationsverarbeitung. Durch die Aufstellung einer Leistungsmenge pro Zeiteinheit, in der sich Informationsmenge und Häufigkeit abbilden, lassen sich auch qualitative Unterschiede der Informationsverarbeitung beschreiben. Denn eine Verbesserung der Qualität des Ergebnisses der Informationsverarbeitung kann nur erreicht werden durch Änderungen der Bestimmtheit der Information, die sich unmittelbar auf den IE-Gehalt auswirken, oder durch

Änderungen von Genauigkeit und Periodizität der Informationsverarbeitung, die sich aus der Häufigkeitsziffer ablesen lassen.
Damit erhält man in der Informationsmenge eine Größe, die einmal gestattet, die Qualität der Informationsverarbeitung einer Einwirkungsstrecke zu beurteilen. Man kann dann den Unterschied in der erzielten Wirtschaftlichkeit der Einwirkungsstrecke in Korrelation zum Unterschied in der Informationsmenge der Einwirkungsstrecke setzen.
Zum zweiten ergibt sich aus dem Vergleich der spezifischen IE-Kosten der Informationsverarbeitung, ob diese selbst ebenfalls wirtschaftlicher oder aufwendiger als vorher arbeitet.
Durch die Anwendung der Rechenregel wird das Ergebnis des Vergleichs aussagefähig in bezug auf die Kosteneinflußgrößen. Der bloße Vergleich eventueller Mehrkosten der Informationsverarbeitung mit den eingesparten Kosten der Einwirkungsstrecke, wie er heute zur Beurteilung des Erfolges organisatorischer Maßnahmen vorgenommen wird, kann eine solche Aussage nicht treffen. Sie zu erhalten ist aber überaus erwünscht, weil im Zuge von Rationalisierungsmaßnahmen gewöhnlich zwei Ziele zugleich angestrebt werden; die Verminderung der spezifischen IE-Kosten und die Verbesserung der Qualität der Informationsverarbeitung. Um den Erfolg der Rationalisierung für jede der beiden Zielrichtungen beurteilen zu können, müssen die Veränderungen getrennt betrachtet werden. Das ist aber nur durch die Aufstellung der Leistungsgröße Informationsmenge je Zeiteinheit möglich.
Außer zur nachträglichen Beurteilung von Rationalisierungsmaßnahmen kann die Grundformel auch dazu dienen, aus dem Vergleich zweier unterschiedlicher Einwirkungsstrecken, ihrer Kostengestaltung und ihrer Informationsmenge oder aus dem der spezifischen IE-Kosten zweier Informationsverarbeitungen zumindest Anregungen, vielleicht sogar Erkenntnisse für organisatorische Maßnahmen zu ziehen.
Weiter können sich Bereiche eines wirtschaftlich sinnvollen Einsatzes verschiedener Informationsverarbeitungstechniken aus dem Vergleich von Informationsmengen und spezifischen IE-Kosten abgrenzen lassen, oder man kann auf Grund der ermittelten IE-Menge im umgekehrten Vorgehen die preisgünstigste Technik durch Angebotsvergleich auswählen.
Am interessantesten dürfte jedoch die Anwendung der Modellrechnungen auf die Beurteilung von Investitionsvorhaben sein. Über die Errechnung der voraussichtlichen IE-Menge ist es möglich, einen wesentlichen Teil der bisher hier notwendigerweise vernachlässigten Gemeinkosten für Informationsverarbeitung mit in die Investitionsbetrachtung einzubeziehen. Das gilt sowohl für den im Zeichen der Automatisierung ständig wachsenden Bereich der technischen Meßwerte und ihrer Verarbeitung, als auch für die anderen, allgemeinen betriebswirtschaftlichen Informationsverarbeitungen. Die In-

vestitionsgüterindustrie wird so in die Lage versetzt, die Technik der Materialverarbeitung und gleichzeitig die der Informationsverarbeitung anzubieten.

Durch einen weiteren Ausbau der Modellbetrachtung vor allem im Hinblick auf die Steuerungselastizität der Einwirkungsstrecke kann dann auch die Konstruktion und Organisation der Einwirkungsstrecke selbst einer Überprüfung unterzogen werden.

Anhaltspunkte hierfür können im Vergleich der IE-Menge zu der Produktivität der Einwirkungsstrecke liegen, in dem Vergleich der IE-Kosten zu den Leerkosten der Einwirkungsstrecke, in der Relation von IE-Mengen je Leistungseinheit usw.

Ein anzustrebendes Ziel wäre es schließlich, für jede Einwirkungsstrecke – und hier nicht nur der Materialverarbeitung, sondern auch der Informationsverarbeitung, wie z. B. Tarifverträge, Steuergesetze usw. – die benötigte IE-Menge so mit angeben zu können, wie man es heute z. B. bei Maschinen und Geräten mit dem Energiebedarf tut.

Bis dahin wird jedoch ein gut Teil praktischer Erfahrung nötig sein.

LITERATURVERZEICHNIS

I. Bücher:

Billeter, E., „Der praktische Einsatz elektronischer Rechenautomaten", Wien 1961, Springer-Verlag

Böhrs, H., „Rationelle Büroarbeit", München 1953

Böhrs, H., „Die wachsenden Büros und der Strukturwandel der menschlichen Arbeit", München - Bern 1960

Bursk, Edward C. und *Fenn, Dan H.*, „Unternehmer-Strategie" (Planning the Future Strategie of your Business), Verlag Girardet, Essen, 1956

Couffignal, Louis, „Denkmaschinen", Stuttgart 1955

Diemer, A., „Das Wesen der automatisierten elektronischen Datenverarbeitung", Berlin 1962, Walter de Gruyter & Co.

Ducrocq, A., „Die Entdeckung der Kybernetik", Frankfurt 1955, Europäische Verlagsanstalt

v. Gottl-Ottlilienfeld, F., „Wirtschaft und Technik" in: Grundriß der Sozialökonomie, 2. Auflage, Tübingen 1923

Grochla, E., „Möglichkeiten einer Steigerung der Wirtschaftlichkeit im Büro" in: „Bürowirtschaftliche Forschung", herausgegeben v. Prof. Dr. E. Kosiol, Duncker & Humblot, Berlin 1961

Gutenberg, Erich, „Die Produktion", Band I der „Grundlagen der Betriebswirtschaftslehre", 2. Auflage, Berlin - Göttingen - Heidelberg 1955

Hartmann, B., „Betriebswirtschaftliche Grundlagen der automatisierten Datenverarbeitung", Freiburg i. Br. 1961, Rudolf-Haufe-Verlag

Hartmann, B., „Die elektronische Datenverarbeitung in Lehre und Praxis". — Ergebnisse einer Studienreise nach den USA. — RKW-Schrift A 20, Berlin - Frankfurt - Köln 1959

Illetschko, L. L., „Automation und Betriebswirtschaft", Wien 1957, Manzsche Verlags- und Universitätsbuchhandlung

Kosiol, E., „Grundlagen und Methoden der Organisationsforschung", Berlin 1959

Arbeitskreis *Dr. Krähe* in der Schmalenbachgesellschaft, „Unternehmungsorganisation. Aufgaben und Abteilungsgliederung in der industriellen Unternehmung", 3. Auflage, Köln und Opladen 1957

Arbeitskreis *Dr. Krähe* in der Schmalenbachgesellschaft, „Leitungsorganisation", Westdeutscher Verlag, Köln und Opladen 1958

Linhardt, H., „Grundlagen der Betriebsorganisation", Verlag W. Girardet, Essen 1954

Meier, Albert, „Rationelle Führung und Leitung in der Unternehmung", Stuttgart 1957
Mills, Wright C., „Menschen im Büro", Köln-Deutz 1955
Müller, H., „Die elektronische digitale Rechenmaschine und Grundlagen ihrer Anwendbarkeit. Unter besonderer Berücksichtigung betriebswirtschaftlicher Aufgabenstellung". Duncker & Humblot, Berlin 1959
v. Neumann, John, „Die Rechenmaschine und das Gehirn", München 1960, R. Oldenbourg
Nordsieck, Fritz, „Rationalisierung der Betriebsorganisation", 2. überarbeitete Auflage von: „Grundlagen der Organisationslehre", Stuttgart 1955
Schmalenbach, Eugen, „Pretiale Wirtschaftslenkung", Band 2, „Pretiale Lenkung des Betriebes", Bremen - Horn 1948
Schmalenbach, E., „Über Dienststellengliederung im Großbetrieb", Köln und Opladen 1959
Schnutenhaus, Otto K., „Allgemeine Organisationslehre", Berlin 1951
Simon, H. A., „Das Verwaltungshandeln". Eine Untersuchung der Entscheidungsvorgänge in Behörden und privaten Unternehmen. Stuttgart 1955
Szyperski, Norbert, „Analyse der Merkmale und Formen der Büroarbeit" in: „Bürowirtschaftliche Forschung"
Thüring, B., „Methoden der Programmierung", Teil I: „Die Logik der Programmierung", Baden-Baden 1957, Robert-Göller-Verlag
Ulrich, Hans, „Betriebswirtschaftliche Organisationslehre", Bern 1949
Wiener, Norbert, „Mensch und Menschmaschine", Frankfurt und Berlin 1952
Zemanek, H., „Elementare Informationstheorie", München 1959

II. Aufsätze und Sonstiges:

Angermann, A., „Kybernetik und betriebliche Führungslehre" in: Betriebswirtschaftliche Forschung und Praxis, 11. Jahrgang, Mai 1959
Albach, Horst, „Zur Theorie der Unternehmensorganisation" in: ZfHF, 11. Jahrgang, 1959
Beste, Theodor, „Der Leistungslohn" in: Arbeitsgemeinschaft für Forschung des Landes Nordrhein-Westfalen, Heft 16, Köln und Opladen 1952
Beste, Theodor, „Was ist Leistung in der Betriebswirtschaftslehre" in: ZfHF, o. Jahrgang (1944)
Beste, Theodor, „Planung in der Unternehmung" in: Kongreß-Archiv 1938 des V. Internationalen Prüfungs- und Treuhand-Kongresses, Thema 2, Berlin 1938
Beste, Theodor, „Über die Wege zur echten Rationalisierung" in: Karl-Arnold-Festschrift der Arbeitsgemeinschaft für Forschung des Landes Nordrhein-Westfalen, Köln und Opladen 1951
D N A Deutscher Normen-Ausschuß, „DIN 19 226", Berlin 1954
Deutsches Wörterbuch von *Jacob Grimm* und *Wilhelm Grimm,* 10. Bd., Leipzig 1942
Hax, K., „Planung und Organisation als Instrument der Unternehmungsführung", ZfHF 1959
Hax, K., „Die Wandlungen des Versicherungsbetriebes und der in ihm tätigen Menschen unter dem Einfluß der Automation" in: Versicherungswirtschaft, 1. Jahrgang, Nr. 20

Kazmierczak, H., „Automatische Zeichenerkennung" in: Die Umschau, Heft 12, vom 15. Juni 1959
Kettner, K. H., „Der Integrationseffekt elektronischer Datenverarbeitung" in: Elektronische Datenverarbeitung, 1959, Folge 1
Kramer, R., „Die betriebswirtschaftliche Bedeutung von Information und Kommunikation, insbesondere für die Struktur des Betriebes", Diss. Mannheim 1962
Mattessich, R., „Messung, Vorausberechnung und Buchhaltungsmodelle", ZfHF 1960
Nürck, R., „Funktions- und strukturbedingte Regelungsmaßnahmen in der Unternehmung", ZfB 1960
Thoms, Walther, „Die Büroorganisation im Dienste der Betriebsverwaltung" in: „Der praktische Betriebswirt", 12. Jahrgang, Berlin 1932, S. 754—760
Wehr, Hilde, „Die Rationalisierung der Produktionssteuerung", Dipl.-Arbeit im Industrieseminar der Universität Köln, Köln 1959

GPSR Compliance

The European Union's (EU) General Product Safety Regulation (GPSR) is a set of rules that requires consumer products to be safe and our obligations to ensure this.

If you have any concerns about our products, you can contact us on ProductSafety@springernature.com

In case Publisher is established outside the EU, the EU authorized representative is:

Springer Nature Customer Service Center GmbH
Europaplatz 3
69115 Heidelberg, Germany

Batch number: 10809466

Printed by Printforce, the Netherlands